기업위기
시스템으로 이겨라

기업위기
시스템으로 이겨라

| 정용민 지음 |

도서출판 프리뷰

추천의 글_ 현장감을 보여 주는 훌륭한 가이드북(김호 더랩에이치 대표) … 8
프롤로그_ 위기를 많이 경험해야 위기를 이길 수 있다 … 14

1 기본부터 준비하라

언론 관계는 기본, 하지만 전부는 아니다 … 21
같은 생각과 같은 대응 … 26
CEO는 언론을 정확히 이해해야 … 33
전사적 커넥션을 통합 관리하자 … 38
위기 요소는 미연에 방지하자 … 45
빠른 내부 상황 공유와 협업 … 50
위기관리 커뮤니케이션은 원보이스로 … 55
준비 또 준비 … 61
종종 위기를 경험해 보자 … 67
외부 카운슬러에게 너무 기대지 마라 … 76
• 위기관리 이렇게 했다 **현대캐피탈 고객 정보 해킹** … 82
• 핵심 전략 **기본에 충실한 현대캐피탈의 위기대응** … 84

2 이해관계자들과 소통하라

이해관계자별로 역할 배분 … 89
지역 언론과의 유대 강화 … 94
소비자들에게 주목하라 … 100
NGO와 소통하라 … 106
직원을 적대시하지 마라 … 112
소셜 미디어 위기관리 … 117
- 위기관리 이렇게 했다 **한진해운의 소말리아 해적 납치 저지** … 122
- 핵심 전략 **이해관계자들과 소통한 한진해운의 위기대응** … 124

3 다양한 위기관리 노하우를 터득하라

리콜 커뮤니케이션의 핵심 요령 … 129
재무 지식을 갖추라 … 137
M&A는 침묵하라 … 143
노코멘트 전략 … 150
모두가 대변인이 되라 … 156

포토라인에 선 CEO … 163
고객 정보 유출은 전사적 위기 … 178
소셜 위기는 가이드라인에 따라 대응 … 184
• 위기관리 이렇게 했다 **매일유업의 교과서적인 위기관리** … 192
• 핵심 전략 **전사적 위기관리 노하우를 과시한 매일유업** … 194

4 위기관리 너무 잘해도 독이 된다

위기관리의 패러독스 … 199
위기에 민감하라 … 203
사회적 책임과 정직이 무기 … 209
침묵은 금이 아니다 … 215
예산이 있어야 위기관리에 성공한다 … 219
체계적인 정보 공유 … 225
위기관리는 단체전, 개인전으로 이길 수 없다 … 230
• 위기관리 이렇게 했다 **채선당의 성공적인 사과 커뮤니케이션** … 236
• 핵심 전략 **신속한 소셜 미디어 대처가 돋보인 채선당** … 238

5 기업철학과 시스템으로 위기를 이겨라

담당자에게 권한을 부여하라 … 243
사람들의 마음을 먼저 움직여라 … 249
내부 조직의 반발을 경계하라 … 255
죽은 위기관리 매뉴얼은 버려라 … 261
위기통제센터를 진단하라 … 266
위기관리 위원회의 팀워크를 정비하라 … 272
커뮤니케이션 트레이닝을 실시하라 … 278

- 위기관리 이렇게 했다 TV 고발 프로를 기회로 바꾼 웅진코웨이 … 284
- 핵심 전략 기업철학이 웅진코웨이의 성공 배경 … 286

에필로그_ 시스템과 철학이 기업을 살린다 … 288

추천의 글

현장감을 보여 주는
훌륭한 가이드북

여러분이 대학병원에서 수술을 받는다고 가정해 보자. 자신의 수술을 집도할 의사가 뛰어난 의사인지 아닌지 당연히 궁금할 것이다. 어떻게 알아보면 될까?

화려한 학력? 높은 직책? 물론 중요하다. 하지만 정말 뛰어난 의사인지 확인하는 데는 두 가지만 알면 된다. 얼마나 많은 환자들이 그에게 수술을 받았으며, 그 결과는 어땠는지에 대해서다. 하지만 그보다 더 정확한 방법이 있다. 같은 대학병원에서 근무하는 동료 의사들이 자신의 수술을 맡아 줄 의사를 선택해야 할 때, 누구에게 부탁할지 알아낼 수 있다면 그것만큼 확실한 방법은 없다.

추천의 글을 쓴 나는 이 책을 쓴 정용민 저자처럼 위기관리 분야에서 컨설팅을 하는 사람이다. 저자는 위기관리 컨설팅 업계에서 내로라하는 전문가다. 아무리 뛰어난 의사도 자신의 몸을 스스로 수술할 수 없어서 믿을 만한 동료 의사를 찾듯이 위기관리 컨설턴트도 정작 자신에게 위기가 발생하면 혼자서 끙끙 앓기보다 믿을 만한 컨설턴트에게 조언을 구한다. 정작 자신이 위기의 당사자인 상황에서 차분하고 객관적으로 바라보는 것이 얼마나 어려운지 경험해 본 위기관리 컨설턴트들은 잘 알기 때문이다.

위기 없는 개인이나 조직은 없듯이, 고객을 위한 위기 컨설팅을 하는 나도 지난 십여 년 동안 비즈니스를 하면서 두 번의 위기 상황을 겪었다. 그때 제일 먼저 정용민 저자에게 전화를 걸어 조언을 구했다. 다른 이유를 떠나 그와 상의하는 것만으로도 마음이 놓였기 때문이다.

영어 표현에 북 스마트Book smart, 스트리트 스마트Street smart라는 표현이 있다. 북 스마트는 책을 많이 읽어서 똑똑하지만 현실 세계에 대한 감각이 반드시 뛰어나지만은 않은 사람을 가리킨다. 반면에 스트리트 스마트는 현장에서 오랜 경험을 바탕으로 뛰어난 판단력을 발휘하는 똑똑한 사람을 가리킨다.

정용민 저자는 공부도 많이 했고 똑똑한 사람이다. 또한 대표적인 스트리트 스마트형 인간이기 때문에 위기관리 컨설턴트로서 빛을 발한다. 그는 매년 여러 차례 일반적으로 사람들이 경험하기 힘든 위기 현장에 들어가 실제 위기를 겪고 있는 고객들의 고민을 듣고 조언한다.

이번에 그가 펴낸 이 책에는 그의 스트리트 스마트형 성격이 가장 잘 드러났다. 그의 원고를 미리 받아 읽어 보면서 마치 기업의 위기 현장을 캔버스에 그려 낸 듯하다고 느꼈다. 이 책에서 그는 위기 현장을 그려 내는 화가의 역할을 충실히 수행하고 있다.

특히 기업 내부의 홍보팀에서 위기관리를 하는 홍보 팀장이나 직원들은 이야기를 이끌어 가는 정 팀장의 상황에 매우 쉽게 몰입할 것이다. '아, 이렇게 회사 내부에서 상사나 다른 부서의 사람들에게도 말하기 힘든 사정을 잘 이해해 주는 사람이 있었구나.' 하고 느낄 것이 분명하다. 홍보 실무자라면 이 책을 통해 자신의 어려움을 누군가가 잘 들어 주고 있다는 느낌을 받을 것이다. 위기관리 실무자로서 자신의 상황을 객관화해 볼 수 있다.

물론 현명한 홍보 팀장이라면 이 책을 위기 상황에서 자신이 함께 일해야 하는 CEO나 여러 부서의 임원, 담당자들에게 선물할 것이라고 생각한다. 이 책은 자신의 어려움을 사내에 전해 공감대를 형성할 뿐만 아니라 기업의 위기대응 능력을 향상하는 데 마땅한 계기를 마련할 것이다.

내가 만약에 한 기업의 홍보 팀장이라면 우선 홍보팀 내부 팀원들과 함께 이 책을 읽겠다. 그러다 보면 각자 기업의 내부 사정에 따라 더 공감이 가는 부분이 있을 것이다. 아마도 많은 분들이 "이 부분 완전 우리 회사 이야기 아냐?" 하며 서로 대화하게 될 것이다.

공감이 가는 부분은 틀림없이 우리 회사가 위기대응 능력에 있어 취약한 부분일 것이다. 공감이 가는 취약한 부분을 몇 가지로 압축한 후 이를 사내에서 적절한 기회에 회사 위기대응 능력 개선 방안

정도의 주제로 CEO 앞에서 발표하겠다. 저자가 이 책에서 위기 상황을 생생하게 재현했듯이 실제로 위기 상황을 발표할 때도 위기대응에서 겪는 어려움을 현실감 있게 이야기하겠다. 개선 방안 발표에 있어서는 이 책의 중간중간에 제시하고 있는 각종 가이드와 '기본부터 준비하라' '이해관계자들과 소통하라' '기업철학과 시스템으로 위기를 이겨라' 등 세 장이 실질적인 도움이 된다.

얼마 전 글로벌 기업과 국내 내기업의 홍보팀 담당 임원과 따로 만난 적이 있다. 두 분 모두 공통으로 가진 고민거리를 나누며 크게 공감했다. 홍보팀은 현실적으로 위기관리와 관련 문제가 발생하지 않도록 하는 것이 주요 업무라서 사내에서 적절한 업무 평가를 받지 못해 사기가 저하되기도 한다고 했다. 이 부분은 CEO들에게도 꼭 해 주고 싶은 말이다.

홍보팀은 독자적으로 사업을 이끌어 나가기보다 다른 사업부서를 지원해 주는 역할을 한다. 즉, 타 사업부서에서 발생한 문제점이 사회적으로 확산되지 않도록 막는 역할이 위기관리에서 중요한 부분을 차지한다. 사업부서에서는 실적을 만들어 내기 위해 노력한다면, 홍보팀은 그 부서가 실적을 만들어 내는 데 장벽이 될 수 있는 위기 상황을 해결한다. 특히 문제가 언론이나 소셜 미디어를 통해 크게 확산되지 않도록 노력한다. 하지만 정작 위기관리를 너무 잘해서 문제가 발생하지 않으면 CEO나 다른 부서의 임원들은 '별문제 없었던 거네.' 정도로 생각하며 넘긴다. 정작 밤낮으로, 맨투맨으로 뛰어다닌 홍보팀의 사기는 말이 아니게 곤두박질친다.

그런 의미에서 홍보팀 실무자분들이 매우 공감할 수 있고 주목해야 하는 부분이 있다. 바로 이 책에 나오는 '위기관리, 너무 잘해도 독이 된다' 부분이다. 홍보 팀원들이 홍보업무를 열심히 하고 잘하는 것도 중요하지만, 제대로 된 평가를 받고 인정받기 위해서는 이 부분을 세심하게 읽고 자신의 기업 내부의 상황을 함께 돌아보며 홍보팀의 내부 커뮤니케이션 전략에 대해 토론해 보길 권한다.

내가 좋아하는 PR의 정의 중 하나는 버슨 마스텔러의 유명한 컨설턴트였던 프레이저 사이텔이 그의 저서에서 밝힌 'PR이란 기업이 행한 옳은 일의 본질을 소통하는 것'이라는 말이다. 많은 홍보 실무자들은 기업을 위해 열심히 일하고 소통하면서도 정작 자신의 업무와 관련하여 내부 관계자들과 소통하는 데에는 미숙하다. 저자가 이 책에서 말하는 '위기관리의 패러독스'를 기업 내부에서 어떻게 해결할지 찾는 것은 기업 내부에서 홍보팀이 제대로 평가받는 것은 물론 제대로 된 위기관리 문화를 만드는 데 넘어야 할 매우 중요한 단계다. 기업 내부의 위기관리 현장을 너무나도 잘 이해하는 저자의 인사이트가 보이는 대목이다.

마지막으로 이 책을 읽어 보면서 이런 엉뚱한 상상을 해 봤다. '만약에 이 책에 나온 내용을 이 책이 없는 상태에서 기업 실무자들이 저자에게 정식 컨설팅을 받는다면 얼마나 지불해야 할까?' 하고 말이다.

이 책은 매우 읽기 쉽게 쓰였지만 여기에서 다루는 내용은 결코 만만하지 않다. 이 책에서 제기하는 기업 구석구석의 문제점들은 저자만의 수많은 케이스 스터디와 연구, 무엇보다 그가 실제 현장에 들어가 컨설팅한 경험을 바탕으로 했다. 기업의 실무자에서부터 CEO는 물론, 위기관리 컨설팅을 하는 컨설턴트들에게도 현장감을 익힐 수 있는 훌륭한 가이드다.

다시 질문으로 돌아가자. 이 책을 읽는 여러분께 말씀드리는 바다. 저자에게 직접 이 책에 나온 내용 정도를 직접 들으려면 적어도 이 책 가격의 오천 배에서 만 배 정도의 컨설팅 수업료를 지불해야 한다. 위기관리에 대해서 고민하고 있다면 이 책을 꼭 읽어 보기를 권한다.

김호(더랩에이치 대표)[*]

---

[*] 글로벌 홍보대행사 에델만 코리아 CEO를 역임한 김호 대표는 전 세계 26명만이 보유한 《설득의 심리학》 공인 트레이너 자격(CMCT)을 갖춘 커뮤니케이션 코치다. 소셜 미디어의 등장으로 투명성, 진정성이 중요해지면서 새로운 리더십 커뮤니케이션 패러다임을 '쿨 커뮤니케이션'(Cool Communication)으로 정의하고 독창적인 커뮤니케이션 코칭을 하고 있다.

프롤로그

위기를 많이 경험해야
위기를 이길 수 있다

　필자는 매해 평균 20~30여 군데의 기업위기에 대해 자문한다. 제품 리콜에서부터 루머, 이슈, 투쟁, 갈등 그리고 심각한 사건 사고에 이르기까지 다사다난한 위기관리 방법을 알려 줄 때마다 기업의 다름을 목격한다.

　유사 제품의 리콜 처리만 봐도 기업마다 대응 방식은 천차만별이다. 소비자를 운운하면서도 그들을 우선시하지 못하는 기업이 있는가 하면, 저렇게까지 해도 될까 싶을 만큼 소비자를 최우선 가치에 두는 기업도 있다.

　기업 내 조직의 위기관리 시스템도 각기 다르다. 수십 년간 성공적인 업적을 쌓아 온 대기업도 위기대응을 제대로 하지 못하는 부실한 면을 드러내곤 한다. 반면에 어느 젊은 대기업은 마치 탄탄한 시나리오라도 있는 양 멋있고 시스템적으로 위기관리를 해낸다.

위기대응 인력으로 구성된 위기관리 위원회의 분위기도 저마다 다르다. 기업위기에 직면해도 어쩔 수 없다는 듯이 앉아서 인상을 찌푸리고 있는 사람들로 구성된 위기관리 조직이 있는가 하면, 근무 시간 내내 긴장을 늦추지 않고 아무런 불평 없이 위기대응 방법을 찾는 위기관리 위원회도 있다.

CEO가 자리를 지켜야만 대응 방식을 확정하고 실행할 수 있다며 위기관리 위원회 모두가 소중한 시간을 헛되이 보내는 기업이 있는 반면, CEO가 해외 출장 중이어도 임원들이 협업해 서로의 전문적인 의사를 실시간으로 공유하는 위기관리 위원회도 있다. 후자의 위기관리 위원회는 서로 위기관리 방법을 효과적으로 지시하고 실행한 후 결과를 CEO나 간부들과 공유하는 역량을 보여 준다.

기업철학, 시스템, 인력, 의사결정 역량 등에서 모든 기업은 다 다르다. 필자는 이런 다른 면을 보고 위기를 극복하거나 개선할 수 있는 노하우를 제시하면서 '이런 상황을 다른 위기관리 실무자들과 후배들이 간접경험하게 하는 방법은 없을까?' 하는 생각을 갖게 됐다. 기업의 위기와 위기관리는 무엇보다 '경험'이 중요하다. 자신이 재직한 기업에 아직 맞닥뜨리지 않은 위기 형태를 보고 듣는 간접경험을 하게 되면 미리 자사의 철학, 시스템, 인력, 의사결정 역량 등을 되돌아볼 수 있게 된다.

오래전부터 필자는 위기관리에 실패한 기업의 '실패학' 강의나 워크숍이 좀 더 활성화되었으면 좋겠다는 바람을 가졌다. 개인이 몸

담고 있는 기업이 어떤 위기를 맞았는가, 왜 극복하지 못했는가, 그 후 어떤 점을 개선해서 지금은 어떻게 성공적인 체계를 잡았는가에 대해 실제 위기관리 담당자가 증언해 준다면 강의를 들은 개인에게는 매우 소중한 자산이 되겠다고 생각했기 때문이다.

많은 기업이 자사가 경험한 위기를 더 공개해서 타 기업의 반면교사 역할을 했으면 한다. 위기관리에 대한 토론을 활발히 해 타 기업의 벤치마킹 기회를 주었으면 한다. 이것이 현실적으로 불가능하다면 오랫동안 위기관리 업무를 한 선배들이 경험을 통해 얻은 위기관리 핵심 비법을 추려 후배들에게 소개하는 것도 좋겠다.

이런 바람에 힘입어 필자는 이 책을 모아 보았다. '모았다'는 표현을 사용하는 이유는 이 책에서 나온 많은 위기 상황이 필자의 머릿속에서 상상으로 쓰인 것이 아니라 실제 상황을 하나로 모아 만들었다는 것을 밝히고 싶어서다.

물론 많은 클라이언트와 NDA$^{\text{Non Disclosure Agreement}}$(기밀 유지 협약)를 맺었기에 기밀에 관련한 자세한 상황 묘사는 하지 않았다. 클라이언트명, 브랜드명, 제품명, 개인명 등도 실명을 쓰지 않았다. 그러면서도 위기 상황에 대한 간접경험의 기회를 주고, 위기관리를 이해하게 하는 데 지장이 없도록 설명하고 구성하는 방법을 찾았다.

이 책은 딱딱한 인문서나 경제경영서의 느낌을 탈피하고자 소설 형식을 빌렸다. 불가피하게 기업의 위기관리를 맡은 한 인물에게 닥친 수많은 사건을 만나다 보면 자연스럽게 위기를 간접경험할 수 있다. 기업의 위기에 맞닥뜨릴 때마다 좌충우돌하는 소설 속 주인공의 일상을 들여다보며 아무 생각 없이 웃기 전에 우리 회사는 어떤지에 대한 물음을 던져 보자. 그러다 보면 자사의 기업철학, 시스템, 인력, 의사결정 역량 등을 어느 정도 파악할 수 있다.

필자의 원고를 꼼꼼하게 읽고 교정해 준 스트래티지샐러드의 여러 컨설턴트와 코치에게 고맙다는 인사를 전한다. 또한 주말이면 늘 골방에 들어앉아 원고 작업에 몰두했던 남편이자 아버지를 묵묵히 바라봐 준 아내 지현과 딸 다운이에게 깊이 감사한다. 전문적으로 커뮤니케이션을 공부하지 않으셨는데도 필자의 삶에 필요한 커뮤니케이션의 대부분을 가르쳐 주신 부모님께 이 책의 지면을 빌어 존경한다는 인사를 전한다.

이 책이 위기 없는 사회는 만들지 못하더라도 부디 기업의 위기로 인해 고통받지 않는 사회의 발판을 마련할 것이라고 믿는다. 모든 사회 구성원이 기업과 함께 행복하기를 간절히 빈다.

2012년 6월
정용민

언론 관계는 기본, 하지만 전부는 아니다

같은 생각과 같은 대응

CEO는 언론을 정확히 이해해야

전사적 커넥션을 통합 관리하자

위기 요소는 미연에 방지하자

빠른 내부 상황 공유와 협업

위기관리 커뮤니케이션은 원보이스로

준비 또 준비

종종 위기를 경험해 보자

외부 카운슬러에게 너무 기대지 마라

기본부터
준비하라

1

기업이 모르는 위기가 갑자기 다가오는 경우는 거의 없다.
기업위기 대부분 이미 존재한 발아점으로부터 온다.
정기 회의만으로도 기업위기의 많은 부분을 방지하고 관리할 수 있다.
이 회의를 이끄는 사람이 곧 위기관리 매니저다.

언론 관계는 기본, 하지만 전부는 아니다

정 팀장은 입사 후 홍보팀에서 일하다가 지점으로 발령이 났다. 그리고 삼 년간 지점에서 생활하며 업무 성과를 인정받아 이번에 새로운 홍보 팀장으로 부임했다. 성 팀장 바로 전임은 얼마 전 행복주식회사 사장 주식 내부 거래 논란으로 홍보 팀장 자리를 내놓아야 했다. 계속되는 공격성 기사를 막아 내지 못했다는 이유로 제주 지점으로 인사발령이 난 것이다. 그러자 전임 홍보 팀장은 이 같은 처리에 동조할 수 없다며 사직서를 내고 퇴사했다.

발령 첫날, 정 팀장이 부임 인사를 하기 위해 사장실로 들어갔다. 그의 인사를 받은 사장은 나지막한 어조로 말했.

"이전 홍보 팀장처럼 행동하면 안 됩니다. 윗사람을 위해서는 목숨까지도 바친다는 생각을 가져야 회사가 삽니다."

정 팀장은 그의 말뜻을 직감적으로 알아들었다.

"네, 최선을 다해 불편을 끼치지 않도록 하겠습니다.

그날 이후 정 팀장은 태산같이 쌓인 일을 처리해야 했다. 그러다가 문득문득 자신에게 어떤 무시무시한 일이 닥칠지도 모른다는 불안감이 밀려와 막막하고 두려웠다. 마치 지뢰밭을 혼자 걷는 느낌이랄까. 그렇다고 걱정만 하고 있을 수는 없는 일이었다. 그는 일단 회사 출입 기자들에게 인사를 다니기로 했다. 매일 밤낮으로 기자들과 어울리며 술에 찌든 정 팀장은 전략적인 사고니 발전적인 업무 방향이니 따위를 생각할 겨를이 없었다. 정 팀장아 만난 출입 기자들은 기의 대부분 회사 사장에 대해 좋지 않은 감정을 토로했다. 그때마다 정 팀장은 사장과 관련한 의혹을 열심히 해명하긴 했지만 기자들이 사장을 부정적으로 본다는 사실에는 내심 놀랐다. 이러다가 자칫 사단이 날지 모른다는 불안감도 들었다.

더군다나 며칠 전부터는 TV방송 쪽에서 자꾸 지점의 맹점을 파헤쳐 방송으로 내보내려 한다는 소문을 들었다. 한 소비자 고발 프로그램의 작가가 도매상과 지점 간의 영업 관행에 관한 질문을 하는 전화를 여기저기 돌리고 있다고 했다. 정 팀장은 전 지점에 공문을 돌려 방송사에서 전화가 오면 일단 홍보팀으로 연결하라고 인식시켰다. 그리고 해당 프로그램을 만드는 피디가 누구인지 알아보았다. 피디는 우연하게도 정 팀장의 대학 선배였다. 별로 친하게 지내던 선배는 아니었지만 상황이 위급해지면 전화라도 한번 돌려 SOS를 쳐야겠다고 생각했다.

사내에서는 또 다른 문제가 정 팀장을 괴롭혔다. 이전 홍보팀에서 일을 제대로 하지 못했다고 생각해서인지, 마케팅팀이나 영업기획팀에서 홍보팀을 아주 우습게 보았다. 기자들에게 온 문의전화 때문에 영업실적 정보를 영업기획팀에게 요청하면 늘 함흥차사였다. 어떨 때는 그런 정보가 왜 홍보팀에서 필요하냐며 투덜대기도 했다. 마음 같아서는 확 한판 벌이고 싶었지만 그럴 때마다 자신의 위치를 생각하며 참았다.

사내 홍보팀 팀원을 비롯해 다른 팀이나 사외 기자들 등 어느 누구도 도와주는 사람은 없었다. 정 팀장은 외로웠다. 예전부터 알고 지내던 위기관리 컨설턴트들은 "기업의 위기관리는 단기적으로 대응하는 데에서만 그쳐서는 안 됩니다. 중장기적으로 위기 발생 빈도가 줄어야 하며, 그에 대한 대응도 효율적이고 생산적이어야 제대로 된 위기관리 시스템입니다."라고 조언을 해 주었다. 그들의 조언이 이해가 안 가는 것은 아니지만 현재의 상황을 해결해 주지는 못했기에 정 팀장의 마음은 항상 답답하기만 했다.

당장 하루하루가 두렵고 답답한데 무슨 중장기 전략이며 시스템인가. 사실 위기는 홍보팀에서 발생하지 않는다. 항상 사장을 비롯해 영업과 마케팅 그리고 생산과 물류 쪽에서 일어난다. 그런데도 부문들을 총괄하는 임원들에게는 위기의식이나 관리 의지가 있어 보이지도 않았다. 바쁜 정 팀장이 그런 무심한 사장과 임원들을 하나하나 찾아다니며 설득하고 위기의식을 고취시키는 것은 거의 불가능한 것처럼 생각되었다. 외부 컨설턴트들은 그런 과정이 중장기적 시스템으로 정착하는 데 반드시 필요하다고 조언하지만 정 팀장은 사실 그렇게까지 할 자신도 없었다.

정 팀장은 사장에게 우리 회사에 위기관리 시스템을 한번 만들어 보고 싶다고 말하면 어떨지 생각해 보았다. 사장은 이렇게 대답할 것이 틀림없었다.

"정 팀장, 자꾸 위기 위기 그러는데, 회사에 무슨 위기가 그렇게 많습니까? 위기다, 위기관리다 그러면서 자꾸 떠들고 다니면 회사만 어수선해져요. 왜 잘나가는 영업부에 위기의식을 조장합니까?"

정 팀장은 막상 이런 반응을 듣게 되면 대꾸할 말이 없을 것이라 생각했다. 결국 정 팀장은 혼자서 결론을 내렸다.

'일단 출입 기자들과 방송 피디들과 친해지자. 그러면 어느 정도 부정적인 기사는 미리 막아 낼 수 있겠지. 물론 기사를 막고 사태를 완화하는 것이 회사를 위한 진정한 위기관리는 아니다. 하지만 지금 내가 할 수 있는 유일한 방법은 이런 증상 완화 활동밖에 없구나.'

중장기적인 위기관리 시스템. 전사적인 위기인식과 위기관리 프로세스 공유 등이 매력적이긴 했다. 하지만 정 팀장이 생각하기에 그런 것이 지금의 회사에는 아직 어울리지 않는 옷 같았다. 사실 그 정도의 수준 있는 시스템을 수립하기에는 기본적인 필요성 공유조차 되어 있지 않았다. 갈 길이 너무 멀었다. 정 팀장이 홍보 팀장의 자리에 있는 동안에 완성될지도 확신할 수 없었다.

또 예산이나 사내 지원은 어떻게 끌어낸단 말인가? 그러니 아예 중장기라던가 위기관리 시스템이라는 말은 꺼내지도 않는 게 좋겠다. 괜히 시도해 봤자 제안한 우리 홍보팀만 우스운 꼴로 비참하게 밀려나게 될지도 모른다.

정 팀장은 이렇게 결론 내리고, 오늘도 사내 출입 기자와의 저녁 술자리를 준비했다. 오후 다섯 시쯤 회사 근처 중국집에서 짜장면으로 간단히 저녁을 때우고, 일곱 시에 만날 주당일보 기자를 위해 술집을 예약했다. 업무를 마무리하고 위기관리라는 것을 하러 컨디션 두 병을 호주머니에 챙겨 회사를 나섰다. 이게 우리 회사에 가장 현실적이고 유일한 위기관리라 믿으면서.

tip box

기업위기관리에 대해 고민하는 많은 실무자들을 만난다. 그들이 공통적으로 이야기하는 것은 "내부적으로 위기관리에 대한 공감대가 없다." "반복되는 위기를 매번 그냥 아무 준비 없이 당하고만 있는 게 너무 힘들다." 하는 것이다.

내부적인 공감대와 위기관리 시스템에 대한 고민은 절대 혼자서 해결할 수 없다. 고민하지 말고 위기관리 컨설턴트들에게 SOS를 쳐라. 실무자의 확실한 의지만 있다면 회사를 위한 밑그림을 함께 그려 줄 것이다. 또한 그들과의 많은 대화를 통해 실무자 자신도 전문가가 될 수 있다.

같은 생각과
같은 대응

　어젯밤 새벽까지 사내 출입 기자들과의 회식으로 술에 절었지만, 정 팀장은 오늘도 아침 일찍 회사에 출근했다. 오늘은 점심때 새로일보 신임 산업 부장과 간단히 상견례를 겸한 점심식사 외에는 별다른 일정이 없었다. 그는 오전 업무를 마치고 오후에는 한두 시간 정도 사우나에 가서 몸을 풀 계획을 세웠다.
　오늘따라 기자들도 도와주는지 전화가 뜸했다. 하긴 어제 그렇게 들 퍼 댔으니 오전에 다들 녹초가 돼 있겠지, 하고 생각한 순간 휴대전화가 울렸다.
　"정 팀장님, 저 불만주간 장녹수라고 합니다. 안녕하세요?"
　정 팀장은 흠칫 놀랐다. 불만주간은 지하철 가판에서 맹위를 떨치는 주간신문으로 최근에는 온라인에서까지 나날이 그 힘을 과시하고 있는 매체였다.

"네, 안녕하세요. 잘 지내시죠?"

"저희야 뭐, 정 팀장님이 안 도와주셔서 힘들지요. 다름이 아니고요. 저희 쪽에 제보가 하나 들어와서요. 회사 직원 중에 구차한 씨라고 있나요?"

"네? 구차한이요? 저희 직원 중에요?"

정 팀장은 태연함을 가장했지만 등에 땀 한 줄기가 죽 흐르는 것을 느꼈다. 구차한이라는 직원은 예전에 지역영업 팀장으로 재직했다. 하지만 거래처와의 불미스러운 관계로 해임당한 인물이었다.

"장 기자님, 구차한 씨는 재작년인가 퇴사한 분 같은데요. 왜 그러시나요?"

"아, 네…. 지금은 현직에 안 계시는군요. 아니, 소매상을 한다는 제보자가 있는데 말입니다. 구차한 팀장이라는 분이 회사 제품을 싼값에 뒤로 빼 주는 대신 리베이트를 요구했답니다. 그러고는 리베이트를 3~4억 정도 미리 받아 도망갔다고 하더라고요. 그래서 사실관계를…."

정 팀장은 미칠 것 같았다. 그건 벌써 수년 전 이야기이지만 피해를 입은 소매상이 최근까지도 회사에 관리책임을 들어 논쟁을 벌이고 있는 민감한 이슈였다. 까딱 잘못하면 회사 이미지에 손상을 줄 수 있는 문제였다.

"제가 그 사실에 대해 잘 모르니까 빨리 알아보고 말씀드리겠습니다. 전화드릴게요."

정 팀장은 대답을 대충 얼버무리고 전화를 끊자마자 법무팀으로 달려갔다.

법무 팀장은 헐레벌떡 달려와 대책을 논의하자는 정 팀장에게 시큰둥하게 한마디 했다.

"지금 소송 준비하고 있는데 그런 것까지 외부에 말할 필요가 있나요?"

정 팀장은 법무 팀장의 태평하기만 한 태도에 열이 받았다.

"그러면 기자에게 뭐라고 설명합니까?"

"그냥 전화받지 마세요. 이야기 안 하면 되죠. 뭐가 문젭니까?"

정 팀장이 폭발해 목소리를 높였다.

"아니, 기자가 전화를 하는데 홍보팀에서 어떻게 전화를 안 받습니까? 그리고 전화 안 받아서 그냥 제멋대로 기사 나가면 어떻게 하고요?"

법무 팀장이 얼굴을 찡그리며 한마디 내뱉고 돌아선다.

"법대로 하죠, 뭐… ×새끼들."

법무팀에서 적절한 대답을 얻지 못한 정 팀장은 감사 팀장을 만나러 갔다. 구차한의 이야기를 묻자 감사 팀장은 정 팀장에게 필요한 대답 대신 다른 말만 했다.

"그거 어떻게 아셨어요? 회사 내부에는 그렇게 많이 알려져 있지 않은데… 그거 비밀로 해 주세요."

"주간지에서 취재가 들어왔다고요."

"그래도 그거 어떻게라도 막아서 안 나오게 하세요. 윗분들께서 아시면 큰일 납니다."

정 팀장은 뭔가 있구나 느꼈지만 감사 팀장에게 이야기를 더 들을 수는 없었다. 아무런 성과도 없이 돌아온 정 팀장은 당시 구차한의 보스였던 현재 영업 부사장에게 전화를 걸었다.

"누구? 구차한이? 걔가 왜, 또 문제 있어?"

"그게 아니라… 모 주간지에서 그분 관련해서 취재 문의가 들어와서 말입니다, 부사장님."

"아이 참… 그거 민감한데. 기사로 안 나왔으면 하는데."

"일단 홍보팀에서 자세한 내막을 알아야 어떻게라도…."

사건의 전말을 듣고 보니 사실 회사에서는 할 말이 없는 케이스였다. 관리책임을 느낀다고 하는 말 한마디로는 부족하다. 일단은 기사를 막는 게 중요했다. 주간지 기자를 회사 근처에서 만났다.

"기사 좀 어떻게 안 될까요? 지금 소송이 진행 중인 사안이라서 판결이 내려지면 그때 다뤄 주시죠?"

"저야 뭐, 힘이 있겠습니까? 저희 편집 국장이랑 이야기해 보시죠 뭐. 저는 쓰라는 대로 씁니다."

할 수 없이 정 팀장은 불만주간 편집 국장에게 전화를 걸었다. 하지만 편집 국장의 반응은 쌀쌀하기만 했다.

"언제 정 팀장네 회사가 우리 도와준 적 있나?"

편집 국장이 소리쳤다.

"국장님, 이번만 배려해 주시면 이 은혜 잊지 않겠습니다."

"됐고. 다음 다음 하지 말고 오늘 결론 냅시다."

엄청난 압박이었다. 이건 홍보 팀장 결재 사항을 넘어선 일이었다. 정 팀장은 상위 결정권자인 부사장에게 보고했다. 부사장은 정 팀장 보고를 듣는 내내 언짢은 표정이었다.

"그 정도 주간지에 그 많은 예산을 꼭 써야 하나? 다른 방법은 없어?"

정 팀장은 점점 더 땀에 젖는다.

"저… 그쪽에서 하도 강력하게 요청하고 있습니다. 기사가 나가면 안 좋다는 전체 부서의 의견도 있습니다."

"당신 팀 예산 있어?"

"네?"

정 팀장은 몇 분간 제대로 된 대답도 못 하고 쩔쩔매다, 결국 그쪽에서 요구하는 데서 십 분의 일 정도로 합의를 보라는 부사장의 명령을 받고 나왔다. 정 팀장은 그 길로 불만주간 사무실로 향했다. 그에겐 편집 국장에게 머리를 조아리며 사정하는 방법밖엔 없었다.

"장난합니까? 우수사는 우리에게 매달 광고를 주고 있어, 그게 벌써 이 년째야…. 당신네들, 봐주려고 했는데 이거 안 되겠네. 김 기자, 그거 빨리 넘겨."

완강한 편집 국장을 설득하기 위해 정 팀장은 연신 머리를 굽실거리면서 다음에는 좀 더 신경을 쓰겠다는 약속을 반복하고는 겨우 마무리했다. 그렇게 지친 몸과 쓰린 배를 움켜쥐면서 주간지 사무실을 나서는데 전화가 울렸다.

"정 팀장 어디야? 우리 부장이랑 신라호텔에 있는데 왜 안 와?"

깐깐일보 산업 부장 상견례 약속 시간이 벌써 십오 분이나 지나 있었다. 택시를 타고 밀리는 광화문으로 진입하는데 갑자기 혈압이 오르고 뒷목이 뻣뻣해져 왔다. 약속 장소에 거의 도착해 내리려는 찰나, 만나기로 한 기자에게 다시 전화가 왔다.

"정 팀장, 우리 부장이 짜증내면서 회사로 돌아갔어. 어쩔래? 정 팀장 이제 꼬였네, 쯧쯧. 나는 몰라."

신 너미 산이라더니 정말 되는 일이 없는 것 같았다. 정 팀장은 내리려던 택시를 돌려 깐깐일보로 갔다. 한달음에 편집국으로 뛰어 올라가서 화가 난 부장에게 사정을 설명하며 백배사죄했다. 평소 친하게 지내던 출입 기자가 도와서 아주 어렵게 부장과 다음 석식 약속을 잡고 비실비실 편집국을 걸어 나왔다.

여기저기 뛰어다니다 점심도 거른 채 회사로 들어가는데 회사에서 전화가 왔다.

"여기 사장님 비서실인데요. 사장님께서 찾으세요. 홍보팀 예산 내역에 몇 가지 의문이 있다고 하셔서요. 어디신가요?"

지난달 기자들과 회식을 하면서 초과된 예산을 지적하신 것 같았다. 정 팀장은 거의 빈사 상태로 사장실로 걸어 들어갔다. 뭐라고 해야 사장이 이해하실까. 정 팀장으로서는 피치 못하게 초과된 금액이지만 사장님께 대답이 될 것 같지는 않았다.

정신없는 하루를 보낸 정 팀장은 퇴근 시간을 남겨 두고 책상에 혼자 앉아 중얼거렸다.

"이 짓도 그만해야지. 다른 사람들처럼 평범하게 일하고 싶다."

책상 위 혈압 측정기는 삑삑 소리와 함께 170과 100을 표시했다. 얼마 전부터는 스트레스와 연이은 술자리로 간 수치에도 빨간불이 들어왔다. 아내는 "차라리 이렇게 사느니 퇴직금에 모아 둔 돈까지 해서 장사라도 하자."고 했다. 정 팀장은 몸에 나쁘다는 담배 한 개비를 또 꺼내 물면서 회사 정문을 나선다. 이거라도 안 피우면 돌아버릴 것 같았다.

tip box

회사를 대표해서 위기관리를 하는 실무자의 마음을 정확하게 아는 사람은 없다. 이해해 주는 척하지만, 얼마나 어느 정도로 이해하는지 알 수 없다. 일부는 위기관리 실무자가 없어도 회사는 굴러간다고 생각한다.

위기관리 체계를 세우기 이전에 가장 급선무는 위기와 위기관리에 대해 전사적으로 하나의 생각을 공유하는 것이다. 위기 시 서로가 상황을 다르게 인식하고, 다른 생각을 하며 하나가 되지 못하면 위기관리에 실패할 수밖에 없다. 개인적으로도 담당자는 회사의 위기를 관리하기 전에 자신의 스트레스를 관리해야 한다. 개인의 위기를 먼저 관리해야 성공한다. 최소한 개인의 불행은 막아야 한다.

CEO는 언론을 정확히 이해해야

사장실에서 정 팀장을 부른다는 연락이 왔다. 정 팀장은 최근 뒤숭숭한 이슈가 많아서 혹시 사장이 무슨 큰 결단을 내린 건 아닌가 하는 마음에 부리나케 사장실로 올라갔다. 사장이 정 팀장을 보고 말했다.

"정 팀장, 요즘 고생이 많지? 기자들 동향은 어때?"

평소와 다르지 않은 사장의 모습에 정 팀장이 웃으면서 대답했다.

"계속 저희 회사를 주시하고 있습니다. M&A 설도 있고, 제품 건도 있고, 사장님께도 관심이 높습니다."

사장이 커피 잔을 들면서 말한다.

"그래서 말인데 조만간 출입 기자들하고 자리를 한번 만들어 주었으면 해. 내가 최근 상황에 대해 우리 쪽 입장이나 사실 확인을 한

꺼번에 하면 어떨까 하는 거지. 정 팀장은 어떻게 생각하나?"

예상외로 적극적인 사장의 반응에 정 팀장은 깜짝 놀랐다.

"네? 출입 기자들과 자리를요? 아, 네."

항상 기자들을 어려워하고, 거부감을 느끼던 사장이 이렇게 공격적인 생각을 하다니. 아마 큰 회장 쪽에서 그렇게 하라는 모종의 지시가 있었던 것은 아닐까. 아무튼 환영할 만한 일이 아닌가. 여러 가지 준비할 것이 산더미 같지만 회사가 이제 좀 더 적극적인 커뮤니케이션에 나서려나 보다. 정 팀장은 사장에게 가까운 시일 내에 자리를 만들어 보겠다고 말하고 기분 좋게 사장실을 나섰다.

정 팀장은 홍보팀 사무실로 내려와 팀원들에게 각별히 세심하게 준비에 만전을 기하라고 지시했다. 장소는 강남의 대형 갈비집으로 정했다. 사장의 의중에 따라 공식적이고 격식을 차리는 포맷이 아니라 오랜 친구들이 어울리는 것처럼 편안한 음식과 술자리를 마련할 생각이었다. 장소를 예약하고 나서는 여러 가지 질의응답을 대비한 질의응답 팩을 만들었다. 출입 기자들에게 초청장을 돌리니 기자들의 반응이 몰려온다.

"어이, 정 팀장, 무슨 이슈가 있는 거야? 뭐 중대 발표라도 있어?"

"아니요. 그냥 우리 사장이 얼굴 한번 보자고 하는 거야. 술 한잔 같이 하자는 거지 뭐. 그렇게 부담 갖지는 말아요."

기자들이 누군가. 부담 갖지 말라는 말에도 기자들은 내심 뭔가 이야깃거리가 있을 거라고 생각하는 눈치들이다.

"정 팀장, 그날 사장도 나와요? 그 밖에 누구누구 나와요?"

"네, 사장과 주요 임원들 네 분이 동석하십니다. 워낙 출입 기자 수가 많아서요."

"아이, 그럼 어떻게 사장이랑 이야기를 하나? 너무 많으면 정신만 없지?"

"흠, 그래도 우리 사장 아시잖아요. 처음이고. 다음번엔 조금 소규모나 일대일로 자리를 한번 만들게요. 그냥 부담 없이 이번엔 오케이?"

기자들의 반응도 좋았다. 최근 이슈들에 관해 베일 속에 가려져 있던 사장의 의견을 들을 수 있겠다고 예상하는 듯했다. 모 TV에서는 카메라를 동반해도 되는지, 인터뷰를 딸 수 있는지 물어오기도 했다. 이번 행사는 캐주얼한 분위기라서 별로 적절하지 않겠다고 정중히 거절하고, 다음 인터뷰 어레인지를 약속했다.

행사 일은 점점 다가오고 있었다. 그동안 여러 출입 기자들과 일정을 조정하고, 가능한 한 최대한 참석 의향을 받아 냈다. 예약했던 장소도 더 넓은 곳으로 변경했고, 사내 임원들의 스케줄도 다 블로킹해 그날 저녁 모임에 차질이 없도록 준비를 끝마쳤다.

드디어 기자들과의 약속이 있는 주의 월요일 아침이었다. 정 팀장은 기자 회동에 대한 최종 내부 브리핑 회의 일정을 조정하고 있었다. 사장에게 전화가 왔다.

"어, 정 팀장."

"네, 사장님."

"정 팀장. 이걸 어쩌지? 기자들과 저녁 하는 거 말이야. 수요일이지? 근데 내일 아침에 회장님께서 함께 미국 출장을 떠나자 하시네. 어떻게 하지? 기자들에게 미안하다 그러지 뭐."

드디어 올 것이 왔구나, 어떻게 이렇게 재수가…. 정 팀장은 지난 과정을 생각하며 속에서 천불이 올라왔지만 "네." 하고 대답하고 전화를 끊었다. 그리고 사무실 책상 위에 쌓여 있는 행사 준비 문서를 모두 쓸어 쓰레기통에 던져 넣었다. 헐레벌떡 과장들이 눈치를 살피면서 다가왔다.

"행사 취소다. 사장님께서 회장님과 출장을 가신다네."

"네?"

과장들 얼굴이 사색으로 변했고 숨소리가 거칠었다.

기자들에게 전화를 돌렸다. 워낙 큰 결례여서 정 팀장이 직접 하나하나 전화를 걸어 상황을 설명하고 다음 기회를 이야기했다.

"정 팀장, 내가 당신한테 뭐라 하는 건 아닌데, 당신네 회사 그러면 안 돼. 기자들 가지고 장난치는 것도 아니고."

"뭐요? 정 팀장, 누가 당신네한테 밥 사라 그랬어요? 이거 뭐야 애들 장난치는 것도 아니고."

"후후후, 내가 그럴 줄 알았다. 당신네 회사 사장 진짜 웃기는 사람이네. 아무튼 나중에 한번 진땀 좀 흘리게 해 줄게. 아주 사람이 자기가 왕인 줄 알아."

갖가지 험담과 악담 수준의 반응이 돌아왔다. 일부는 정 팀장과 홍보팀에 아주 심한 욕설을 퍼부었다. 정 팀장은 겸허하게 그들의 반응을 경청했다. 다 맞는 말이다. 백 퍼센트 회사의 잘못이다. 왈가왈부할 수도 없다.

일단 일찍 집에 들어가야지. 집에 가서 일찍 잠 좀 자야지. 행사 준비로 며칠 동안 집에 못 들어가거나 새벽행이었는데… 허무하다. 기자들 반응에는 아랑곳하지 않고 자신들의 일정만 복잡해졌다고 투덜거리던 그 임원들은 회사의 이미지나 평판에 신경을 쓰기는 하는 걸까. 앞으로 출입 기자들의 원성과 불신은 어떻게 하나.

집으로 향하는 정 팀장의 마음은 너무 무겁다. 천근만근.

tip box

생각보다 언론을 정확하게 이해하는 CEO는 그다지 많지 않다. 인맥으로나 사회 경험상 언론을 경험한 이는 꽤 되지만, 언론의 전문적인 습성이나 위기 시 활동 양식에 대한 구체적인 모범을 가지고 있는 이는 극소수다.

미국이나 유럽 등 선진국에서는 CEO와 임원이 정기적으로 미디어 트레이닝Media training을 받는다. 위기나 이슈가 발생하면 전반적인 언론 반응을 예측하고, 이에 따른 충분한 이해를 도모한다. 또한 구체적으로 해당 이슈에 관하여 언론과 어떻게 전략적으로 대화할 것인지를 고민하고 실제와 유사한 상황에서 언론과 대화해 보는 실습까지 거친다. 우리나라 홍보부서에서도 CEO를 위해 이와 같은 전문 트레이닝 기회를 만들어 보자. 아무것도 하지 않은 채 언젠가 CEO가 우리의 마음을 알아주겠지 하며 기다리기만 하면 CEO와의 소통은 불가능하다.

전사적 커넥션을 통합 관리하자

정 팀장은 출근 후 여느 때처럼 커피 한 잔을 책상 위에 올려놓고 랩탑을 켰다. 최근 경쟁사와 여러 부문에서 부딪히는 사례가 많아서 신경이 매우 날카로워져 있었다. 메일에는 유력 경제 주간지 주간대박에 다니는 기자인 대학교 후배의 이메일이 한 통 들어와 있었다.

"정 선배, 잘 지내죠? 다른 게 아니고, 우리 쪽에서 선배 회사 취재 중이야. 그런데 방향이 좀 그런데 말이야. 선배가 알고 있어야 할 것 같아서. 참고하세요."

이 녀석, 전화를 하지. 내용을 좀 더 알아보려고 후배에게 전화를 걸었지만 받지 않았다. 제 앞길도 힘든 신입 기자가 그래도 선배를 챙겨 준 게 고마우니 괴롭히지 말자고 마음먹었는지 더는 전화하지 않았다.

"이거 뭐 어떤 내용인지 알아야지, 참 답답하네."

정 팀장은 혼자 뇌까리고는 팀원들을 모두 소집했다. 밤새 취재 문의가 들어온 건 없는지 확인하게 하고, 모니터링에 각별히 신경 쓰라고 지시했다.

무슨 이슈인지 알아야 접촉을 하지. 게다가 그 주간지 강 국장하고는 단체 술자리에서 약간 안 좋았던 경험이 있어서 서로 껄끄러운 사이다. 일단 그 주간지 모회사인 대박일보 조 부장에게 지금 그 주간지가 어떤 기획을 하고 있는지 알아봐 달라고 부탁했다. 부탁한 지 얼마 지나지 않아 전화가 왔다.

"정 팀장, 알아봤는데, 좀 세다. 크게 갈 거 같아. 당신네 사업 부진에 관한 건이라는데 자세히는 말 안 해. 얼핏 한 여섯 페이지 정도라던가?"

"네? 여, 여섯 페이지요?"

뭐가 여섯 페이지씩이나 나살 기사가 있나? 우리 사업 부진 이야기야 뭐 한두 해 기사화된 게 아닌데. 뭐, 특별하게 더 부진한 것도 아니고. 정 팀장이 머리를 쥐어 싸고 있는데 전화가 울린다.

"정 팀장이시죠? 저 주간대박 김철수인데요. 몇 가지 여쭤 볼 게 있어서요."

"네, 김 기자님, 말씀하시죠."

"네, 정 팀장님, 최근 음료사업 부문의 매출은 어떤가요? 그게 지금 정도의 매출이 나오기 시작한 것이 언제부터였죠?"

"김 기자님, 음료 부문은 아직도 그쪽 분야에서는 그래도 시장점

유율 측면에서 상당한 위치에 있습니다. 전체적 시각으로 보시기보다 분야를 세분해서 보시면….”

"네, 압니다. 그러니까, 그쪽 지난 오 년간 매출 추이 자료 좀 만들어 주시고….”

기자에게 각종 자료 요청을 받아 놓고 전화를 끊었다.

불길하다. 아래 조 과장에게 자료 정리를 지시해 놓고, 정 팀장은 사무실을 나섰다.

그 주간지 강 국장이랑 평소에 좀 잘해 놓을걸. 정 팀장은 후회가 되었다. 가까운 조심그룹 마 홍보 전무에게 도움을 요청하는 전화를 했다.

"형님, 주간대박에서 우리 회사 건드린다는데, 좀 도와주세요."

"어? 거기가 왜? 당신네 뭐 잘못했냐?"

"아뇨, 사업 부진 관련이라는데….”

"후후, 당신네 사장 바뀐 지 얼마나 됐다고. 그거 위험한데.”

며느리 마음은 며느리가 안다고 했던가? 마 홍보 전무와는 말이 통했다.

"그러니까, 형님이 좀 도와줘요. 저 좀 살려 주는 셈치고."

"거기 강건남이가 실세야. 나랑 친한데, 너도 알지?"

"네, 근데 그분이랑 나랑 좀 그래요. 그래서 더 죽겠어요."

"그래도 가서 무릎 꿇어야 하지 않겠냐? 그 선수랑 계속 그럴 건 아니잖아? 아무튼 내가 알아볼게, 상황을….”

마 전무와 전화를 끊고도 조급한 마음에 오래전 대박일보 부장을 지내고 계열사로 옮긴 고 사장에게도 도움을 청했다.

"그래요, 정 팀장, 내가 한번 알아볼게요."

"감사합니다."

또 혹시 모를 극한 상황을 대비해서 마케팅 부사장에게도 도움을 요청했다.

"부사장님, 주간대박에서 저희 회사 실적에 관한 상당히 큰 기사를 만들고 있답니다. 마케팅에서 좀 도움을 주실 수 있을까요?"

"뭐? 사장 오신 지 얼마나 됐다고. 어떻게 해서든 그 기사 처리해요. 예산 지원할 테니까."

"감사합니다."

정 팀장이 할 수 있는 최대한의 처리를 하고 있는데 조심그룹 마 전무에게 전화가 왔다.

"정 팀장, 당신네 큰일 났다. 안 되겠어. 그게 사내 정치적인 문제도 있고, 아무래도 당신네 경쟁사 쪽 고위 임원하고 연결돼 있는 듯한 냄새도 난다."

"네? 우리 경쟁사요?"

식은땀이 또 솟았다. 얼마 전부터 트러블이 있었는데 총 반격을 해 오는 것 같았다. 대박일보 부장 출신인 고 사장도 똑같은 답변을 해 왔다. 큰일이라는 생각에 정 팀장은 다시 마 전무에게 전화를 걸었다.

"형님, 진짜 죄송한데요. 저희가 얼마든지 베팅할 의향이 있으니 기사 정리 안 될지 그쪽 반응을 한번 타진해 주시겠어요?"

"당신네가 돈을 쓴다면 뭐, 어떻게 쓴다는 거야?"

"마케팅 쪽에서 여섯 페이지라고 하니까, 그 여섯 페이지 다 광고를 밀어 넣어서라도 어떻게든 정리해 달라고 해서요. 아니면 연간 광고 계약으로 가든지… 어떻게든."

"알았어. 급하긴 급한가 보군, 후후."

삼십 분 후 마 전무에게 다시 전화가 왔다.

"안 되겠다. 못 한대. 조금만 빨랐어도 좋은데, 너무 늦었다."

뭐, 오늘 오전에 취재 요청이 있었는데 무슨.

"기사가 다 나왔대. 다 끝났어. 그냥 사내에 먼저 공지하고 윗분들 놀라지 않게 하는 수밖에 없겠다. 도와줄 수 있는 방법이 없어 미안하다."

"네… 형님 감사합니다. 고생하셨어요."

정 팀장은 최후의 수단으로 직접 주간대박 사무실을 찾아가기로 했다. 홍보팀 여직원 신 대리와 김 주임을 불러 시원한 맥주 한 박스와 닭튀김 몇 박스를 직접 나르게 하고 주간지 사무실에 들어갔다. 저쪽 구석에서 지난번 껄끄러운 술자리 때문에 서먹해졌던 강건남 국장이 정 팀장네를 쳐다봤다.

"강 국장님, 오랜만입니다. 그동안 안녕하셨죠?"

"정 팀장, 웬일이야? 여기저기서 전화 많이 받았어, 뭘 그렇게 민감하게 반응하나?"

"국장님, 보통 때 같으면 모르는데요, 저희 사장이 새로 부임하신 지가 얼마 안 돼 사내 분위기가 그렇습니다. 지금 이런 기사가 나가면 문제가….”

"이런 기사? 이런 기사가 뭔데? 당신, 내용 알고 있어?"

"네? 아니요, 전체적으로 저희 사업 부진에 관한 내용이라고 들어서요."

"누가 그래? 그런 거 아니야. 전체적으로 우리가 그쪽 회사를 보고 반면교사로 삼을 게 있어서. 그래도 전체적으로 균형 맞춰서 썼으니까 그렇게 부정적이지 않을 거야"

"국장님, 감사합니다. 그래도 저희 쪽에서는 민감할 수밖에….”

"걱정 마, 그리고 여기저기서 전화하지 말라고 그래. 당신이 직접 오는 건 괜찮지만, 조 선배, 고 선배, 마 전무에, 조심그룹 쪽이 다 나서고 왜 그래? 그거 역효과란 거 몰라?"

"죄송합니다. 제가 모자라서요."

"됐어. 기다려. 기사에 문제 있으면 나중에 이야기하고. 잘 가."

직원들과 들고 갔던 맥주와 닭튀김은 그냥 주변 책상 위에 올려놓고 돌아 나왔다. 신 대리가 위로를 했다.

"팀장님, 저희가 할 일은 다 한 것 같아요. 저희가 알잖아요. 힘내세요."

그래. 정 팀장은 길거리에서 미국 출장 중이신 사장에게 전화를 했다. 사장에게 여러 상황을 설명하고, 지금까지 홍보팀에서 진행한 여러 노력들을 말씀 드렸다.

많은 노력에도 불구하고 죄송스럽게도 기사화될 것이라는 보고를 드렸다. 사장은 전화 저 건너에서 한숨을 쉬었다.

"정 팀장, 정 팀장이 안 된다면 정말 안 되는 거겠지. 하지만 우리만 한 회사가 유력한 네트워크가 없다는 건 조금 문제네요. 경쟁사하고도 자존심 문제고. 알았습니다."

정 팀장은 광화문 사거리에서 구십 도로 고개를 숙이면서 휴대전화를 끊었다.

tip box

'육십억 명이 사는 지구에서 여섯 명만 거치면 서로 다 아는 사람'이라는 말이 있다. 우리나라만 두고 볼 때 이보다 훨씬 적은 수의 사람만 거치면 친구의 친구로 파악될 것이다. 일부 대기업에서는 강제적으로 일정 임원급 이상에게 자신의 인맥을 회사와 공유하게 한다. 전사적으로 커넥션을 통합 관리해 유사시 연결 인맥으로 활용하기 위해서다.

수백에서 수천 명의 자사 인력이 가지는 인맥의 촘촘함과 위력은 상상을 초월한다. 평소에 전문가 그룹이나 고문단, 자문단 등을 잘 관리해 놓는 것도 힘이 된다. 어려움이 닥쳤을 때 우리를 위해 이야기해 주고, 핵심 인사를 소개해 주고, 정보를 전해 주는 우군을 가능한 한 많이 확보하고 관리해 놓는 것도 중요한 위기관리 시스템이다.

위기 요소는 미연에 방지하자

　내년도 예산 미팅을 진행 중이다. 각 부문 장들이 사장과 함께 며칠을 끙끙대고 있었다. 윗선에서는 내년도 사업전망을 아주 우울하게 보고 있었다. 전 세계적으로 판매가 약 4~5퍼센트 이상 빠질 것으로 예상되므로 국내 판매 목표도 그에 따라 조정해야 한다고 했다.

　문제는 목표 EBITDA(기업이 영업 활동을 통해 벌어들인 현금 창출 능력을 나타내는 수익성 지표)다. 판매 감소를 예측하는 이 와중에도 EBITDA는 내년에도 올해 대비 3~4퍼센트 상향한 목표를 주었다. 마른걸레를 짠다는 말이 딱 맞다. 임원들은 회의 중에 혼잣말로 "에이, 진짜 못 해 먹겠네."라며 몇 번이나 창밖을 내다보았다.

　"일단 마케팅에서 얼마나 예산을 줄일 수 있어? 한 백 억 정도만 뱉어 내 봐."

부사장의 이야기에 마케팅 상무가 놀란 눈으로 말한다.

"기존 플랜에서 벌써 올해 대비 45억을 헐어 냈습니다. 기존 프로그램 중 아주 핵심들만 놓아 두고는 거의 날렸습니다. 저희 마케팅에서 꼭 그 금액을 해야 한다면 어쩔 수 없겠지만."

부사장이 소리쳤다.

"고통을 조금씩 분담합시다. 영업과 다른 부서들에서는 각각 얼마 정도 뱉어 낼 수 있을지 정리해서 알려 줘요. 특히 생산 쪽에서는 뭐 좋은 생각 없어요?"

생산 상무가 이야기했다.

"부사장님, 저희는 지금 각 공장이 한 푼이라도 아끼려고 화장실도 통폐합했고, 전깃불을 아끼려고 중요하지 않은 시설에는 전구마저 다 빼 버렸습니다. 도저히…."

부사장이 다시 이야기했다.

"생산 쪽에서도 성의를 보여야 할 겁니다. 아주 문제가 심각하니 같이 헤쳐 나가자고요."

홍보 팀장을 바라보면서 부사장이 이야기했다.

"정 팀장, 홍보 쪽에서도 이제 기자들과 밥 먹는 비용을 좀 줄여 나갔으면 합니다. 가능한 한 내년 해외 전시회 프레스투어 부분도 좀 취소하든가 아낍시다. 그 밖에 내년 플랜에서 우선순위를 보고 조정해서 예산을 절감하세요."

정 팀장이 우울하게 대답했다.

"네."

전사가 비상이다. 각 부문의 예산 담당자들은 마치 단체 합숙훈련에 들어간 모습이었다. 다들 눈빛이 온전하지 않았다. 각 부문이 서로가 서로에게 더 많은 예산을 잘라 내라고 요구하는 듯했다. 정 팀장도 팀원들과 예산 정리를 하고 있었다. 이때 공장에서 생산 팀장으로 있는 동기로부터 전화가 왔다.

"정 팀장, 우리 공장장이 생산 코스트를 줄이라고 하는데, 이게 조금 문제가 있을 것 같아서 말이야. 우리가 쓰는 원재료 있잖아. 이걸 수입선을 약간 바꾸고, 그레이드를 조금 다운시키면 한 해 약 1~2억 정도는 세이브될 것 같아. 근데 문제가… 제품이 완전 변해. 보관과 유통 일수가 확 준다고. 공장장이 사장께 보고해야 한다며 본사 홍보팀 의견을 들어 보라는데 어떻게 생각해?"

정 팀장이 놀라서 답변했다.

"이것 봐. 지금 한 해에 유통 변질로 인한 소비사 컴플레인이 얼마나 들어오는지 알아? 안 그래도 그 건에 대해 생산 쪽하고 이야기하려고 했었는데 지금까지는 왜 그랬던 거야?"

생산 팀장이 말한다.

"사실 이건 우리끼리 비밀인데, 삼사 년 전부터 아까 말한 그 부분을 조금씩 줄여 나갔어. 소비자 시식 조사 등을 다 해 봐도 별로 눈치 못 채고 하도 서울에서 예산 타령을 하니까… 그래서 아마 컴플레인이 들어오긴 할 거다 생각했는데, 정말 그렇군."

"다시는 안 돼, 더는. 우리에게는 품질이 가장 소중한 자산이야.

그런데 생산에서 그 가치에 반하고 있다는 거잖아. 예산이 문제야? 우리 회사가 하루 이틀 장사하다 접을 회사냐고? 안 된다고 해 줘. 홍보팀 의견이 아주 부정적이라고. 내가 우리 팀에서 사장님께도 직접 보고할게."

정 팀장은 이렇게 한마디 하고 전화를 끊었다. 그리고 바로 생산팀장에게 문자가 왔다.

'정 팀장. 무슨 뜻인지 알았어. 일단 사장 보고는 미뤄. 내가 공장장하고 생산 부사장에게 설명할게. 오케이?'

정 팀장은 자신도 모르는 사이에 제품의 품질이 점차 하락하고 있었다는 사실을 알고 나니 기분이 무척 나빴다. 기자들에게도 우리 제품은 품질이 우선이니 절대 경쟁사와 비교하지 말라고까지 했는데, 자신이 거짓말쟁이가 된 듯해서 자존심도 상했다. 그래서 그렇게 소비자들의 불만이 많았구나 싶었다.

생산 부사장이 전화를 했다.

"정 팀장, 그게 무슨 소리야. 왜 생산 문제에 이래라 저래라야? 회사 정책이 있으면 홍보팀은 거기에 맞게 움직이면 되잖아? 왜 일을 자꾸 안 되게 하느냐 이거야. 당신이 소비자 불만 받아서 기자들 만나 기사 막고 그럴 때 우리가 보고만 있었나? 지난번에도 기자들 공장 견학시키고 하는 거 다 협조해 주고 그랬어."

흥분하며 말하는 생산 부사장에게 정 팀장이 차분하게 답변했다.

"부사장님, 제품의 품질 문제는 회장님과 사장님의 주요 관심사입니다. 제가 생각하기에는 이 이슈는 홍보팀과 생산에서만 이야기할 게 아니라 사장님을 포함해서 회장님 쪽과도 솔직한 의견 합의가 있어야 한다고 생각합니다."

"에이, 이 사람 항상 이런 식이야. 말이 안 통해."

생산 부사장이 화를 내면서 전화를 끊었다.

tip box

기업이 모르는 위기가 갑자기 닥치는 경우는 거의 없다. 대부분 기업위기는 이미 존재하는 발아점으로부터 온다. 일부 기업이 전혀 발생할 줄 몰랐던 위기라고 하는 이유는 정확히 말해 그들이 평소에 위기 요소에 대해 별반 관심을 기울이지 않았기 때문이다.

위기 요소는 주변에 널려 있다. 직원들은 자신이 맡은 업무의 어떤 부분이 문제가 될 수 있을 것이라는 것을 조금만 생각하면 알 수 있다. 기업 내부에는 이런 위기 요소를 취합하고, 업데이트하고, 발생 가능 여부를 트레킹하고, 발생 이전에 관리 완화시키는 위기관리 매니저가 있어야 한다. 일부 기업에서는 임원이 정기적으로 자사의 이슈와 위기 요소를 점검하는 회의를 한다. 전월 회의에서 대두된 이슈와 위기 요소를 돌아보고, 앞으로 새롭게 대두될 이슈와 위기 요소를 예상해 공유한다. 각 이슈와 위기 요소를 관리해 완화할 주관 및 유관 부서를 선정하고 임무를 하달한다.

이런 형식의 정기 회의만 제대로 해도 기업위기를 미연에 방지할 수 있다. 이 회의를 이끄는 사람이 곧 위기관리 매니저다.

빠른 내부 상황 공유와 협업

일주일이 평탄하게 지나가나 했다. 금요일 오후, 갑자기 모 방송사에서 연락이 왔다. 제주도의 한 소비자가 정 팀장 회사의 주스를 마시다가 날카로운 유리 가루를 발견했다는 제보를 받아 취재 중이라는 것이다.

왜 주스에 그런 이물질이 들어갔을까? 정 팀장은 일단 이전 미디어 트레이닝받았던 내용을 순간적으로 기억했다.

'처음 접하는 정보는 파악과 입장 정리를 위한 시간을 가능한 벌어 놓고 추후 대응하라.'

정 팀장은 트레이닝받은 대로 대답하고 전화를 일단 끊었다.

"작가님, 말씀하신 케이스는 제가 관련 부서를 통해 사실을 알아본 뒤 바로 연락을 드리겠습니다. 죄송합니다."

예전 같았으면 정 팀장은 일단 이렇게 답변했을 거라 생각했다. '작가님, 무슨 주스 말입니까? 보통 저희 공장에서는 철저하게 이물질을 차단하기 때문에 그럴 리가 없습니다. 다른 이물질이라면 모르지만, 그런 이물질이 들어갈 리는 없을 텐데요.'

지난 미디어 트레이닝 때 코치에게 이렇게 대응했다가 전략적이지 못한 답변이라는 평가를 받았다. 그래서 일단 단언을 피했다.

전화를 끊은 후 즉각 영업부문과 함께 시장 앞에 모여 앉았다. 영업 부문장이 한마디 했다.

"아니 솔직히 말해서 뚜껑을 딴, 먹다 남긴 주스에 유리가루가 들어 있는데, 그게 우리 생산과정에서 나온 건지 소비자가 의도적으로 집어넣은 건지 어떻게 알아요?"

이런 영업 부문장에게 정 팀장이 한마디 한다.

"문제는 그게 아닙니다. 왜 영업 쪽에서는 그런 사안을 내부 공유 안 하셨습니까? 홍보팀에 전혀 정보가 없었잖아요? 그게 벌써 두 달 전부터 시작된 이야긴데요."

영업 부문장이 대꾸를 한다.

"만약, 홍보팀에게 이런 케이스를 모두 공유하면 아마 홍보 업무가 마비될걸요?"

정 팀장과 영업 부문장의 대거리에 사장이 끼어들어 정리했다.

"영업부문이 이번에는 잘못한 거야. 분명히 영업 쪽에서 나에게 사태가 심각하고, 해당 소비자가 강성이라고 보고했잖아? 그러면 대비책을 미리 만들려고 노력하고 홍보팀에도 공유를 했어야지!"

영업 부문장은 고개를 끄덕이고 사장은 홍보팀에 명령을 내렸다.

"일단 일이 이렇게 됐으니 어쩔 수 없어. 일단 방송에서 취재하지 못하게 막고, 방송 안 되게 만들어. 수단과 방법을 가리지 말고 빼도록 해. 이건 명령이야."

정 팀장은 조용히 한숨을 쉬면서 대답했다.

"네, 알겠습니다."

정 팀장은 사장 회의실을 나와 여기저기에 전화를 돌리기 시작했다. 해당 방송국의 피디들과 광고 임원들은 물론, 여기저기 제작 프로덕션 측과 연락했다. 아는 지인들을 통해서 해당 취재를 하고 있는 피디팀에도 접촉을 시도했다. 또한 영업 쪽에 해당 소비자 문제를 소비자와 원만하게 협의해 빨리 마무리 지어 달라고 당부했다.

정 팀장은 여러 가지 안전조치를 취한 뒤 해당 방송사 작가에게 전화했다. 사실을 알아보고 연락하겠다는 약속은 지켜야 했다. 작가가 정 팀장에게 질문을 시작했다.

"정 팀장님 회사에서 만든 주스에서 날카로운 유리 조각들이 나왔다고 소비자가 주장했습니다. 제가 가서 보니까 상당히 섬뜩하던데요. 회사 측 입장은 어떤가요?"

미리 홍보팀 직원들이 준비해 놓은 예상 질의응답 문건을 보며 전화로 답변을 진행했다. 전화 수화기 저 멀리에서 녹음되고 있는 것이 분명했다. 정 팀장은 한 마디 한 마디에 땀이 맺혔다. 한 번의 말실수가 방송의 중심이 된다는 것을 경험을 통해 그리고 트레이닝을 통해 알고 있기 때문이다.

장장 한 시간의 질의응답이 끝났다. 공격적인 여자 작가는 똑같은 질문을 돌려가면서 수십 번 해 왔다. 중간중간 정 팀장의 안이한 답변 자세를 탓하기도 하고, 은근한 협박성 압력을 넣기도 했다. 정 팀장은 다년간의 경험을 기반으로 자신의 감정을 잘 다스리면서 답변을 마쳤다. 전화 수화기를 내려놓고 났더니 정 팀장의 와이셔츠가 흥건하게 젖어 있었다. 주변에서는 홍보팀 직원들이 정 팀장을 바라보고 있었다.

이후 해당 인터뷰에 대한 사장 보고와 향후 대책 논의로 하룻밤을 꼬박 새웠다. 그다음 날에는 여의도 일대를 뛰어다니면서 대여섯 명의 방송사 관계자들을 만나 사정했다. 백 통가량의 전화를 주고받았으며, 홍보팀은 대기 상태에서 수십 페이지에 이르는 입장문을 정리하고 수정하고 공유했다.

결국 정 팀장은 방송사의 CP에게 이런 말을 들었다.

"정 팀장, 우리도 너무 여러 군데에서 이야기를 들어서 난감하네. 해당 사건이 소비사 쪽에서 제보하고 취재 협조를 한 부분이라 어떻게 하기가 좀 그래. 아무래도 빼는 건 어렵겠어. 미안하네."

정 팀장은 맥이 탁 풀렸다. 이틀간 잠도 못 자고 뛰어다닌 결과가 이거라니. 정 팀장은 영업담당자들과 함께 마지막으로 제주행 비행기에 올랐다. 강력하게 항의하는 소비자를 직접 만나 설득하기 위해서였다. 비행기 안에서 정 팀장은 이런 생각을 했다.

매일 보고 있는 뉴스 하나하나에 얼마나 많은 뒷이야기들이 깔려 있는 건가? 몇 분짜리 부정적인 보도 하나에 대응하기 위해 얼마나 많은 직원의 땀과 노력이 투자되고 있나? 또한 얼마나 많은 예산들이 갑자기 투입되고 배치되고 있나? 이런 소모적인 위기관리는 언제까지 계속되어야 하나.

    제주도행 비행기에서 내려다보이는 바닷물은 검푸르렀다. 태어나서 이렇게 제주도 가는 길이 고통스러운 적이 없었다.

tip box

    평소에 아무리 준비를 많이 해 놓았어도 실제 일선에서 위기가 발생했을 때 해당 사실을 주관 및 유관 부서와 공유하지 않으면 아무 소용이 없다. 다 같이 공유한 상황을 근거로 함께 딱 하루만 대응하면 술술 풀릴 일도 적절하게 공유하지 않아 때를 놓치면 여러 날이 걸리거나 수억 원을 쏟아부어도 제대로 관리되지 않을 때가 많다.

    기업 차원에서는 위기를 감지하거나 일부 발생시키는 담당자들보다 사내에서 위기 사실을 빨리 공유하지 않는 담당자들을 더 엄격하게 평가하는 분위기 조성이 필요하다. 참고로 제품 이물질 위기관리 케이스를 보자. 최초 소비자가 이물질을 발견하고 그 사실이 언론이나 온라인을 통해 알려지는 데까지는 평균 2~3주가량 걸린다. 이 2~3주간 일부 기업은 내부적으로 해당 사실을 정확한 타이밍에 필요한 모든 부서와 공유하지 못한다. 이토록 긴 시간의 대부분 동안 해당 사실은 일선 담당자의 손에만 쥐어져 있다. 이런 현실적인 상황을 빨리 개선해야 위기관리에 성공할 확률이 높아진다.

위기관리 커뮤니케이션은 원보이스로

출근하자마자 정 팀장은 사내전화를 받았다. 고객만족 팀장의 전화였다.

"정 팀장, 저 잠깐 삼 층 회의실에서 미팅 좀 할 수 있을까?"

"네? 무슨 일이?"

"아니, 조금 민감한 문제라서… 십 분 후에 삼 층에서 뵙시다."

"네."

정 팀장은 또 가슴이 두근거렸다. 제품 사고로군.

무거운 마음으로 삼 층으로 내려갔다. 고객만족 팀장은 회의실에 들어오면서 문을 굳게 닫았다.

"저… 정 팀장. 홍보팀에서 협조해 줄 사항이 있습니다. 어제저녁 안양 지점에서 보고가 들어왔어요. 안양에서 김철수 씨가 우리 아이스크림을 구입했다는데, 안에 조그만 나사 같은 이물질이 있었나 봐요. 그 집 애가 그걸 먹다가 그만 식도에 걸려서….”

정 팀장은 온몸이 쭈뼛해졌다.

"혹시, 죽었나요?"

"아뇨, 아뇨. 애가 죽지는 않았는데… 어젯밤 서울병원으로 이송되어 식도 수술을 했대요. 근데 이 아버지가 절대 합의 안 한다, 용서 못 한다, 그러네. 문제는 그 애 삼촌이 특종TV 기자예요. 그것도 사회부.”

정 팀장은 한숨을 내쉬며 물어본다.

"기자 이름이 뭐래요?"

"흠, 뭐라더라. 조풍달 기자라던가?"

"조 기자라, 조 기자….”

정 팀장은 일단 상황 파악을 위해 보고일지와 아이가 입원해 있는 병원 정보, 그리고 조 기자의 이름 등을 적어 가지고 사무실로 올라왔다.

이제부터 또 난리였다. 정 팀장은 특종TV 출입 기자에게 전화를 걸어 조 기자 신상과 개인 전화번호를 물었다. 출입 기자는 전화번호를 넘기면서 말했다.

"정 팀장, 왜 그래? 사회부랑 무슨 관계 있어? 뭐, 일 터졌어?"

"아니야. 그냥 아는 사람이 있다 해서, 전화번호나 줘 봐.”

"에이, 아닌 것 같은데. 그 선수 까칠해. 조심해.”

정 팀장은 출입 기자와의 통화에 더 심난해졌다.

정 팀장은 조 기자에게 연락을 취해 미리 자초지종을 설명할 것인지, 아니면 그냥 기다리면서 대응할 것인지 고민했다. 무심한 사장은 고객만족 팀장에게 무조건 잡음이 나지 않도록 하라고만 지시하고 휴가를 떠났단다. 일단은 상황을 지켜보면서 대응하기로 결정했다. 제일 먼저, 상황 설명과 회사 측의 메시지를 만들었다. 홍보 팀원들에게 브리핑을 하고 예상 질의응답을 만들어 오라고 지시했다. 두 시간만 있으면 어떻게든 메시지들이 정리되니 대응이 가능할 것이다.

오전 열한 시, 정 팀장의 휴대전화가 울렸다. 조 기자였다.

"정 팀장님이시죠? 특종TV의 조풍달입니다. 어제 안양에서 귀사 제품 이물질 사고가 났다는데, 알고 계시죠?"

"흠, 네… 조 기자님. 저도 오늘 아침에 보고받았습니다. 먼저 죄송하다는 말씀을 드리고 싶네요. 저희가…."

"아뇨, 됐고요. 거기에서 나온 게 나사라던데 알고 계시죠?"

"네, 조그만 이물실로 파악하고 있습니다."

"아니, 이물질 종류가 아니라 그냥 나사예요. 제가 아침에 서울병원에서 의사한테 그 나사를 넘겨받았거든요. 아주 큰 나사예요, 뾰쪽한."

"아… 네."

"그게 어떻게 들어간 거죠? 회사 입장을 말해 주세요."

정 팀장은 문제의 이물질 유입에 사과를 하고 회사의 배상 방침을 자세하게 설명했다. 그리고 또 한 번 절절한 사과를 하는데 조 기자가 말을 자른다.

"정 팀장님. 내가 그런 말 들으려고 전화한 게 아니고요. 이게 왜 여기 들어가 있느냐는 겁니다. 생산과정에서 들어간 거죠? 봉지 보니까 이천 지역에서 만들어진 건데 거기 공장에서 들어간 거 맞죠?"

"조 기자님, 그 이물질을 일단 저희 쪽에서 수거해야 분석하고 유입 경로를 추적할 텐데요. 아직 저희가 물질을 회수하지 못해서…."

"아, 참 답답하시네. 그냥 예, 아니오로만 대답해 주세요. 거 선수끼리 뻔한 소리 마시고. 이 공장에서 들어갔겠죠? 그렇죠?"

정 팀장은 미디어 트레이닝의 기억을 더듬어 가며 답변했다.

"이번 사안은 단순하게 생각해서 예다, 아니다 할 문제가 아닌 것 같습니다. 소비자 피해가 있는 문제기 때문에 정확한 원인을 조사해서 이에 적절한 배상과 시정 조치를 강구해야 하는데…."

"에잇 진짜, 알았습니다. 일단 끊을게요."

정 팀장 이마에서는 땀이 흐른다. 전화 인터뷰를 딴 것 같지는 않은데 그 기세로 봐선 인터뷰를 한다고 오후에 찾아올 듯하다. 조 기자가 다음엔 어떤 내용을 취재할까, 누구에게 연락을 할까 예상하다 보니 점심시간이 왔다. 간단하게 먹는 둥 마는 둥 국수를 한 그릇 하고 뛰어 올라왔는데 책상 전화가 울린다.

"어이, 정 팀장, 나 이천 공장장인데. 거 특종TV 조 모란 기자에게 전화가 왔어. 우리 공장 제품에서 뭔 나사 덩어리가 나왔다며 어떻게 그런 게 들어갈 수 있느냐 묻더라고. 이거 대답해야 하나? 홍보팀에 전화해 보라고 했는데 막무가내더라고."

정 팀장은 올게 왔구나 하면서 뒷골을 만지작거렸다.
"그래서 어떻게 답변하셨습니까, 공장장님?"
"응, 뭐 내가 아는 게 없어서, 그런 경우는 없을 텐데… 만약에 그게 나사라면 아마 컨베이어 라인 위의 천장에서….."
으악, 끝장이다. 정 팀장은 전화를 끊었다. 이제 빼도 박도 못하게 되었다.

정 팀장은 조 기자에게 다시 전화를 걸었지만 받지 않았다. 정 팀장은 긴급히 각 부문 임원들에게 이메일과 SMS를 보내 상황을 브리핑하고 외부 전화를 홍보팀으로 일원화해 달라고 했다. 그러나 점심시간이라 다른 부문 직원들은 화기애애하게 그룹별로 식사를 하고 있었다.

그때 영업 부사장에게서 전화가 왔다.
"정 팀장, 뭐, 이런 일을 지금 알리면 어떻게 해. H마트 담당하는 우리 영업 직원에게 방송국에서 전화 왔었다고 하던데. 그 직원이 어젯밤에 고객 불만 접수한 걸로…."

정 팀장은 아예 주저앉아 버리고 싶어졌다. 고객만족 팀장에게도 전화가 왔다.
"정 팀장님, 그 소비자 아들이 입원한 병원에 우리 팀원 하나를 보내서 이물질을 수거하려고 했는데, 거기서 몸싸움이 좀 있었나 봐. 애 아빠가 멱살을 잡고 그래서… 근데 그 자리에 TV 방송국에서 나와 있었다네요."

끝장이다. 더 어쩔 수가 없었다. 그날 저녁 특종TV 뉴스에는 다친 아이, 의사 인터뷰, 최초 접수받은 회사의 영업직원, 회수 과정에서의 몸싸움, 공장장의 원인 발표, 그리고 소비자단체의 불매운동 선언까지 드라마틱하게 꾸며져 방영되었다.

tip box

일반적으로 위기를 홍보팀 혼자 해결하려고 하면 실패할 확률이 크다. 외부와 커뮤니케이션을 하기 전에 항상 내부 커뮤니케이션을 먼저 해야 진정한 하나의 목소리$^{One\ voice}$가 가능하다. 모든 외적 활동이나 메시지는 홍보 팀장과 공유해야 하고, 홍보팀은 안팎 메시지를 정돈한다. 내부에서 합의해서 일치된 커뮤니케이션과 팀워크가 위기를 관리한다.

일부 기업은 특정 이슈에 대해 회사 내부에서 하나의 목소리를 낼 수 있는가 점검하기 위해 비상훈련^{Drill}을 실시하기도 한다. 외부 전문가들에게 의뢰해 실제 발생 가능한 이슈를 가지고 회사의 모든 공중 접점을 점검하는 것이다. TV 방송기자나 정부 규제 기관으로 가장해 사무실을 급습하기도 한다. 소비자인 척하며 영업팀에 전화를 걸어 보고, NGO라며 공장에 들어가 보기도 한다.

회사의 모든 공중 접점이 하나의 이슈에 대해 동일한 메시지를 가지는 일은 생각보다 매우 어렵다. 이런 진단과 개선을 통해 전 직원에게 동일한 메시지가 매우 중요하고 꼭 필요하다는 인식을 먼저 심어 줄 필요가 있다.

준비 또 준비

이번에 회사에서 회심의 신제품을 출시한다. 홍보팀 전체가 마케팅팀과 함께 거의 날밤을 새우면서 신제품 출시 기자간담회를 준비했다. 배너도 걸고 출입 기자들의 초청도 순조롭게 잘되어 기자들에게 꽤 많은 관심을 받고 있었다. 하긴 이 회사에서 십 년 만에 나오는 신제품이니 당연하기도 하겠다.

정 팀장은 그런 와중에도 내심 마음이 불안했다. 사장도 취임 후 첫 외부 노출이기도 하고 출입 기자들에 대한 부담감으로 걱정을 많이 하고 있었다. 특히 신제품 출시 이후에 진행하는 질의응답시간에 많은 부담을 느끼는 것 같다. 하루에도 몇 번씩 정 팀장을 불러 질의응답 내용을 확인하곤 했다.

정 팀장은 팀원들과 함께 이미 예상 질의응답을 만들어 사장에게 보고한 상태였다. 출입 기자들이 알고 싶어 하는 핵심 질문을 리스트화하고, 그에 대한 적절한 답변도 마케팅팀과 함께 아주 자세하게 만들어서 이미 보고를 마쳤다. 그러나 사장님은 그것에 만족하지 못하고 답변의 표현 하나하나까지 세심하게 다듬고 재차 확인하면서 추가 준비를 하는 듯했다.

기자간담회 당일. 제품 출시 관련 발표와 마케팅 임원의 신제품 프리젠테이션이 순조롭게 진행됐다. 다음은 기자들의 질의응답 시간이다. 사장을 포함한 신제품 관련 임원 다섯 명이 단상 테이블에 착석하자, 출입 기자들의 질문이 시작됐다.

"예, 저는 박살일보 왕신랄인데요. 사장님께 질문 드리겠습니다. 이번 신제품 콘셉트가 웰빙과 유기농으로 보이는데 맞습니까?"

사장이 웃으면서 답변한다.

"네, 맞습니다. 아까 말씀드린 대로 백 퍼센트 유기농입니다."

"근데 요즘 소비자 트렌드를 볼 때 웰빙은 이미 한물 지나간 이슈 같아서 말입니다. 이 제품이 일이 년 전에만 나왔어도 딱 들어맞을 텐데 너무 늦게 나온 것 같지 않습니까?"

날카로운 지적에 사장이 흠칫한다. 사내에서도 이 문제로 말들이 많았다. 사실 이 제품의 최초 개발 제안은 삼 년 전이었는데 의사결정이 자꾸 늦어진 관계로 이제야 출시되었기 때문이었다. 사장은 답변을 생각하는 듯 잠시 말씀을 멈추고는 다시 이어 나갔다.

"인간의 가장 기본적이고 중요한 욕구는 건강하게 오래 잘 사는 것이라고 봅니다. 저희 마케팅의 소비자 분석 자료에서도 제시되었다시피, 현재에도 유기농 식품을 선호하는 소비자들은 이 시장 전체 소비자들의 약 칠십 퍼센트 이상인 것으로 파악되고 있습니다. 또 그 외 나머지 소비자들도 가격만 적절하다면 당연히 유기농으로 웰빙 하겠다는 의견이 상당 부분을 차지하고 있습니다. 따라서 이번 신제품을 통해 저희는 시장에서 충분히 성공할 자신이 있습니다."

다른 기자가 손을 들며 질문했다.

"얼마 전에 모 식품회사가 식자재로 유기농을 썼다고 내대적으로 광고했는데, 그 재료 일부가 유기농이 아니라는 논란이 제기돼 거센 소비자들의 비판에 직면했습니다. 결국 그 제품을 시장에서 철수시켰는데요. 이번 신제품에는 백 퍼센트 유기농 재료들만 사용되었다는 것을 믿어도 되나요?"

사장이 자신 있게 답변한다.

"제 이름과 회사의 명예를 걸 테니, 신제품이 완전히 유기농 원료로만 만들어졌다고 신뢰해 주시길 부탁드립니다. 저희는 소비자들의 건강에 유익한 제품만을 만들기 위해 항상 원재료를 철저하게 선별해 사용합니다."

기자들의 열띤 질문이 이어졌다. 답변은 마케팅 부사장을 넘어, 생산 부사장에게까지 이어졌다. 생산 부사장은 평생 회사 제조공장에서 재직하신 분으로 오직 생산과 생산기술만 생각하는 분이다. 대학에서 식품공학을 전공해 특히나 식재료에 대해서는 민감하고 엄격하다고 사내에 알려져 있다.

정 팀장은 호텔 측에 곧 질의응답을 마무리 지을 테니 식사를 내

오라고 했다. 그리고 기자들에게 마지막 질문을 요청했다. 한 기자가 질문했다.

"생산 부사장께 마지막으로 여쭙겠습니다. 회사에서 식품 생산을 하신 지 얼마나 되셨지요?"

생산 부사장이 자랑스러운 표정으로 답변했다.

"네, 이십오 년 정도 돼 갑니다."

기자가 묻는다.

"사장을 비롯해 모든 임원분들이 한목소리로 이번 제품이 유기농 원재료를 사용한 완전 웰빙 식품이라고 하는데요. 그럼 이전에 이십오 년간 부사장님께서 생산해 온 제품들은 유기농 원재료를 사용하지 않아서 몸에 좋지 못한 제품이라는 의미로 받아들여도 될까요?"

생산 부사장이 흠칫한다. 예상 질의응답에 미처 포함이 되지 않았던 이슈다. 정 팀장이 끼어들려고 하자 생산 부사장이 말했다.

"아니죠. 그때는 유기농이니 아니니 하는 기준이 그렇게 명확하지 않았고, 소비자도 그런 쪽에 많이 신경을 안 쓰고 해서…."

기자가 다시 묻는다.

"그러니까, 그 이전 제품은 이번 신제품처럼 몸에 이로운 제품은 아니었다는 말씀이시네요. 당시 상황이 어떻게 되었건 말입니다."

생산 부사장이 얼굴을 붉히며 말했다.

"아니, 웰빙이라는 이슈가 당시에는 적용이 안 되었다는 것이지, 그것들이 몸에 좋지 않다는 의미가 아닙니다."

정 팀장이 얼른 끼어들었다.

"네, 네. 이번 신제품이 웰빙 제품이라는 것은 좀 더 저희 회사가 소비자들의 소비 트렌드에 맞추기 위해 노력한 결과라고 보시면 될 듯합니다. 그럼 이것으로….."

정 팀장이 질의응답을 마무리 지으려고 하자, 갑자기 다른 기자 하나가 질문을 이어 나간다.

"정 팀장님, 저 하나만 질문 더 하겠습니다. 딱 하나만. 생산 부사장님, 최근에 경쟁사는 원재료에서 GMO 프리 선언을 했는데요. 그러면 이번 귀사의 신제품 원재료들도 GMO 프리 원료라고 봐도 되겠습니까?"

정 팀장은 순간 생산 부사장을 바라보면서 눈을 크게 떴다. 위험하다. 생산 부사장은 답변을 반사적으로 쏟아 냈다.

"기술적으로 GMO 프리는 아닙니다. 유기농이기는 하지만, 그 원재료들이 전부 GMO 프리다 아니다 하고 말할 수는 없습니다. 경쟁사가 GMO 이야기를 하는 것은 마케팅적으로 우리를 공격하기 위해서 그러는 것 같은데…."

정 팀장은 생산 부사장의 말을 잘라야만 했다.

"네, 네. 시간 관계상 공식적인 질의응답은 이것으로 마치겠습니다. 추가 질문이 있으시면 제게 알려 주시기 바랍니다. 제가 서면으로 추후 정리해서 답변 드리겠습니다."

기자들이 소리친다.

"아니 GMO 프리냐 아니냐가 요즘 이슈인데, 이 질문을 막으면 어떻게 해요? 사장님, 유기농 원재료라는 것보다 GMO 프리 원재료가 더 낫다는 건가요? 소비자들을 위해서 원재료를 완벽하게 선별하신다고 하셨는데, 요즘 문제가 되고 있는 GMO 원재료는 그 선별 기준에 들어 있지 않은 건가요?"

정 팀장은 얼굴을 감쌌다. 사장의 얼굴은 백지장이 되어 정 팀장을 바라보았고, 생산 부사장은 말실수를 했다는 것을 깨닫고 주변을 두리번거렸다. 마케팅 부사장은 정 팀장에게 어떻게 해 보라는 손짓을 해 댔다. 빨리 간담회를 끝내려는 정 팀장에게 기자들의 원성이 높아졌고, 시니컬하게 돌아서는 기자들까지 하나둘 보이기 시작했다.

tip box

항상 기자들과 마주 앉을 때는 충분한 예상 질의응답을 준비해야 한다. 가능한 한 모든 질문은 책상 위에 올려놓는 것이 좋다. 질문은 단발성으로 구성하는 것이 아니라 이슈에 꼬리에 꼬리를 물더라도 답변할 수 있도록 답변이 하나의 망Network을 이루어야 한다.

보통 전문 분야에 따라 임원들이 답변을 나누어 맡기도 한다. 이때 각 부문별 답변의 내용이 서로 상치하거나 모순되면 안 된다. 논리적으로 서로의 답변이 서로를 검증하는 형태가 되어야 한다. 또한 답변을 하지 말아야 하는 이슈, 강조해야 하는 이슈들을 모든 답변자들이 정확하게 공유해야 한다. 모든 사람이 입을 하나로 완벽하게 맞추는 것이 안전하다는 뜻이다. 그것이 힘들다면 물리적으로라도 딱 한 명의 답변자(또는 대변인)만 마주 앉는 것이 좋다. 물론 이를 위한 사전 훈련과 반복은 당연히 중요하다.

종종 위기를 경험해 보자

정밀 방송국의 탐사보도 프로그램 작가 한 명에게 전화가 왔다.

"네, 홍보 팀장님이시죠? 저는 정밀 방송국에서 소비자 불만 프로그램 담당하고 있는 작가 진실해인데요. 팀장님 회사에서 현재 B 제품을 판매하고 계시지요?"

정 팀장은 가슴이 뜨끔했다.

"네. 맞습니다. 그런데요?"

"네, 그 제품에 관한 소비자들의 제보가 많이 들어와서요. 그 제품의 유리 용기가 자주 폭발한다는 제보인데요. 그에 대해 업체 의견을 좀 듣고 싶어서요."

"네? 그런 이야기는 금시초문인데요. 어떻게 도와드릴까요?"

정 팀장은 올 것이 왔다는 생각을 하면서 가능한 작가의 신경을 건드리지 않으려고 협조하는 포지션을 취했다.

"아주 간단하고요. 저희가 회사로 내일 오전 중에 한번 찾아뵐게요. 팀장님이나 관계자분이 몇 가지 질문에 답변을 해 주시면 됩니다. 그럼 내일 뵙지요."

정 팀장은 곧바로 사장에게 보고했다. 사장은 '또?'라는 표정으로 아주 짜증스럽게 정 팀장을 바라봤다. 마치 정 팀장이 문제를 일으킨 것처럼 분위기가 이상하다.

"용기가 폭발하는 게 뭐 어제오늘 이야긴가? 그런 걸 왜 설명을 못 하고 취재 나오게 해?"

"사장님, 소비자들이 볼 때에는 그런 상황이 상당히 당황스럽고 위험한 것이지요. 당연히 그에 대해서 언론에서는 소비자 관점에서 취재할 수 있는 거고요."

사장이 말했다.

"어쨌든, 어떻게 할 거야? 누가 인터뷰 잘할 수 있어? 확실하게 기술팀 자문을 얻어서 당당하게 대응해요."

정 팀장은 예전처럼 "당신이 인터뷰하세요!" 하지 않은 것도 다행이라 생각하며 사장실을 나왔다. 기술 팀장과 생산 팀장 그리고 소비자상담 팀장을 불러 모았다.

기술 팀장이 취재 소식을 듣더니 말했다.

"걔네들이 소비자에게 제보받은 거죠? 그게 과학적이나 기술적으로 취재하는 건 아니잖아요. 그냥 소비자들 이야기 듣고 꿰맞추는 거겠죠?"

정 팀장은 무슨 이야기를 하나 하는 표정으로 기술 팀장을 바라봤다. 기술 팀장이 말했다.

"어차피 소비자들은 이런 용기 폭발에 과학적이거나 기술적인 지식은 없으니까, 그냥 대충 이야기해서 얼버무리면 되겠네요, 뭐."

정 팀장이 한숨을 쉬면서 말했다.

"팀장님, 방송이 장난은 아녜요. 그쪽에서도 일단 취재를 하면 각종 기술 연구기관으로부터 자문을 얻고 여러 가지 실험 결과와 수치들을 제시할 겁니다. 그렇게 대충 넘어가지는 않을 거예요."

기술 팀장은 의외라는 듯이 고개를 갸우뚱했다. 정 팀장이 소비자 상담 팀장에게 물었다.

"일단 우리 측에서는 예상 질의응답을 만들어서 공유해야 하는데요. 팀장님, 한 해에 용기 폭발과 관련한 사고가 몇 건이나 보고되나요?"

"흠, 저희 측에 보고되는 것만 한 해에 50~60건 됩니다. 물론 보고되지 않는 건이나 경쟁사 관련 보고는 제외하고요."

정 팀장은 놀라서 되묻는다.

"아니… 그렇게 많나요? 그럼 그중에 인명 피해도 있어요?"

"그럼요. 지난달에도 소비자 한 명이 거의 실명할 뻔했어요."

"그럼, 어떻게 그런 소비자 클레임을 처리하시나요?"

"거야… 회사 원칙이 일단 병원비는 물어 주고요. 그 후에 합의를 해요. 보통 어느 정도 선에서 금액 합의를 하려고 노력하죠."

정 팀장은 고개를 젖히면서 뇌까렸다.

"아… 이건 아닌데, 이건….”

생산 팀장이 끼어든다.

"한 해에 수십 건 보고되는 사고 클레임에 대해서 그 방송에서는 모를 거 아니냐 이거지. 그러니까… 한 해에 몇 건이나 이런 사고가 일어나느냐고 물으면 이번이 처음이라고 하면 어떨까? 그냥 배 째라 이거지 뭐. 자기네가 내부 통계를 알게 뭐야.”

정 팀장이 고개를 젓는다.

"아니에요. 안 돼요. 위험해요.”

기술 팀장이 소리를 지른다.

"아니, 정 팀장님. 그럼 사실 그대로 이야기하면 어떻게 할 거요. 당신이 책임질 거야? 회사 망하는 꼴 보려고 해요? 사람이 왜 그래? 꼭 언론 편만 들고 말이야.”

정 팀장이 그에 맞서 소리를 친다.

"팀장님, 저는 회사 편입니다. 솔직히 이야기해야 한다고 하는 것은 우리 회사가 진정으로 살 수 있는 방법이기 때문입니다. 이번 한 번 덮고 가자는 게 벌써 수십 년간 곪아 터져서 이 꼴이 된 거 아닙니까? 이렇게 계속 갈 수는 없는 거잖아요?”

소비자상담 팀장이 두 팀장을 말리며 이야기했다.

"아아, 이렇게 우리끼리 싸울 필요는 없죠. 사장님께서 어떻게 생각하는지 한번 알아보고 그에 따르죠, 뭐.”

세 명의 팀장이 동시에 묻는다.

"그럼, 이번 인터뷰는 누가 할까요?”

"이번에 정 팀장은 안 될 것 같네요. 너무 솔직하셔서. 후후후."

결국 이번 인터뷰는 소비자상담 팀장이 맡아서 하기로 했다. 정 팀장은 일단 사후 관리 부분을 맡았다. 정 팀장은 양심의 가책을 받아 관련 부문 실무자들이 개발한 예상 질의응답을 들춰 보지도 않았다. 마음이 심란했다.

다음 날 아침 방송사에서 작가들과 피디 그리고 카메라 크루들이 들이닥쳤다. 조명이 세팅되고 마이크가 소비자상담 팀장 겉옷에 달려졌다. 자연스럽게 작가와 피디가 번갈아 질문을 했다.

"이번 용기 폭발이 저희에게 제보되었는데요. 이런 사고가 한 해에 얼마나 보고가 되나요?"

소비자상담 팀장이 답변했다.

"저희도 이번 제보를 알고 나서 조사해 보았는데, 이런 사고는 저희도 처음이라서 놀라고 있습니다. 흔치 않아요."

피디가 웃으면서 이야기했다.

"소비자원에 보고된 사례만 한 해에 백 건이 넘는데요? 이 회사에 보고된 일은 없는 모양이지요?"

"네. 저희에겐 처음입니다."

정 팀장은 부끄러워서 눈을 감았다. 작가가 계속 물었다.

"알겠습니다. 그럼 이런 용기 폭발은 왜 발생하는 건가요? 저희 제보에는 정해진 재활용 횟수를 초과해서 반복 활용한 용기 때문이라던데요? 맞나요?"

이때 생산 팀장이 끼어들었다.

"그렇지 않습니다. 저희는 제품 용기의 재활용 연한을 제한하고 관리하고 있어요. 그런 건 사실이 아닙니다."

완전한 애드리브다. 또한 거짓말이다. 정 팀장은 또다시 질끈 눈을 감았다. 마치 롤러코스터를 타는 기분이었다.

작가가 화난 표정으로 깨진 용기를 까서 보여 주었다.

"그럼 이 용기는 생산 연도가 언제인가요? 확인해 주세요."

기술 팀장이 벌떡 일어나 용기의 생산코드를 읽어 본다. 사내에서만 표기해 관리하는 비밀코드다.

"아… 네, 이건 올해 초에 생산된 거네요."

작가가 꼼꼼히 받아 적는다.

"그래요? 이상하네요. 이 제품 생산일자가 작년 말인데요?"

아뿔싸. 그 이후 한 시간이 넘도록 피디와 작가들이 공격해 왔다. 인터뷰에 배석한 모든 팀장들이 진땀을 흘리고 급기야 성격이 다혈질인 생산 팀장은 자리를 박차고 회의실에서 나가 버렸다. 완전히 아수라장이다. 정 팀장은 피디를 불러내 사정한다. 여러 자료 제공과 우리의 기본 정책이 방송을 속이려는 것은 아니었고, 실무자들이 일부 실수했다는 식으로 설득했다. 피디의 눈빛에서 '참… 이 양반도 불쌍한 사람이군.' 하는 실소를 읽는다. 이런 비웃음이 이제 정 팀장에게는 익숙하다. 어쩔 수 없는 일이다. 경험해 봐야 깨닫는다.

tip box

위기관리와 위기 시 언론 대응에 경험이 별로 없는 여러 부서장들은 우선 언론을 상당히 부정적으로 인식하는 공통점이 있다. 그러면서 언론의 취재 능력을 만만하게 생각한다. 이들이 취재전문가인 기자들의 정보 취득 능력을 과소 평가하면서 많은 문제가 발생한다. 거짓말을 하고, 부정확하게 얼버무리고, 논리적으로 앞뒤가 맞지 않는 변명을 늘어놓는 이유가 다 여기에서 기인한다. 가능한 한 많이 경험해 보아야 위기대응 능력이 향상한다.

하지만 담당자들의 위기대응 능력의 향상을 위해 매번 위기를 초래하거나 경험하게 할 수는 없는 것 아닌가. 기업의 위기관리 매니저들은 위기를 함께 관리해야 할 많은 주관 유관 부서들에 적절한 훈련 기회를 부여해야 한다. 가이드라인을 주고, 그것을 실제로 몸에 익히도록 반복 실습 경험을 주는 것이다.

필자의 경험상 정기적으로 위기관리 주관 및 유관부서들이 위기관리 훈련을 하는 기업과 그렇지 않은 기업 간에는 절망 엄청난 격차가 있다. 밖에서 보면 비슷해 보이는 기업도 훈련을 하느냐 하지 않느냐에 따라 크게 다르다. 이는 딱히 위기관리에만 한정되지 않는다. 경영의 품질도 야기한다.

언론 취재 대응 가이드라인

- 해당 프로그램과 제작진 전부를 존중한다.
- 해당 프로그램이 지향하는 보도 취지에 포커스를 맞춘다. 그들이 소비자 권익을 이야기하면 기업도 소비자 권익을, 그들이 품질을 이야기하면 기업도 품질에 대해 이야기하라.
- 해당 프로그램의 보도 앵글을 훼손하려 해선 안 된다. 소용없기 때문이다. 기업은 대신 어떻게 그러한 앵글에서 피해를 줄일까를 고민한다.
- 서면 인터뷰는 전략적으로만 선택한다. 무조건 서면 진행하려 하지 말 것. 꼭 해야 할 말은 만나서, 훈련받고 준비해서 인터뷰한다.
- 인터뷰를 하려면 우선 해당 프로그램이 어떤 취재를 어떤 방식으로 진행했는지 가능한 모든 정보망을 통해 확인한다. 취재 대상이 우리라는 점을 명심한다.
- CEO의 관심을 끌어야 한다. 실무자 선에서 대충 대응하려 들면 안 된다. 불편하더라도 CEO를 개입시킨다.
- 해당 프로그램의 보도 앵글에 맞추어 가능한 최악의 질문들을 예측한다. 질문받고 싶지 않은 질문들도 뽑아 책상 위에 올려놓고 주관 및 유관 부서장들이 다 같이 준비한다.
- 전략적인 대응 핵심 메시지를 주의 깊게 선정한다. 외부 컨설턴트들의 중립적이고 전문적인 시각을 참고한다.
- 민감한 질문들과 이에 대응하는 이상적인 핵심 메시지를 교환하는 연습을 지속적으로 진행한다. 인터뷰 실습을 실제와 유사

한 환경에서 경험해 본다. 심리적 압박과 돌발적인 압력을 견디면서 핵심 메시지를 확보하는 능력을 키운다.
- 기업 입장에서 말하면 안 된다. 소비자 고발 프로그램은 소비자 입장을 기반으로 한 언어만 통한다.
- 사정을 너무 많이 아는 내부 전문가를 대변인으로 추천해선 안 된다. 너무 많이 알면 도리어 위험할 수 있다.
- 인터뷰할 때는 인터뷰 대상으로 여럿이 마주 앉지 않도록 한다. 말이 서로 맞지 않거나, 논리가 충돌하거나, 애드리브가 창궐할 가능성이 크다. 단 한 명의 준비되고 훈련된 대변인이면 충분하다.
- 말은 미리 준비한 핵심 메시지에만 머물러야 한다. 제작진의 트랩과 유도에 넘어가지 말고 훈련받은 대로 전문가답게 답한다.
- 핵심 메시지는 문제에 머무르지 말고, 개선책에 집중한다. 사과할 부분이 있으면 소비자 언어로 사과한다. 기업이 가진 소비자 철학, 품질 철학, 서비스 철학, 우선순위, 가치 등을 핵심 메시지의 근간으로 깐다.
- 핵심 메시지를 반복한다. 반복하고 또 반복한다.
- 인터뷰 시간은 가능한 컨트롤하라.
- 제작진에게 상품권이나 돈을 주면 안 된다.
- 처음부터 끝까지 프로그램과 제작진을 존중하고, 공손하게 대우한다. 그리고 감사하라. 그들도 인간이다.

외부 카운슬러에게
너무 기대지 마라

중요한 관계에 있는 미국 합작사에서 홍보 최고임원이 연말을 맞아 방한했다. 평생 여러 글로벌 회사에서 성공적인 홍보 업무를 진행해 온 업계에서 존경받는 홍보 임원이었다. 정 팀장은 그를 위해 올해 한국 시장 홍보 현황을 프레젠테이션 했다. 그중에서 정 팀장은 여러 번의 위기관리 사례를 보여 주면서 자신과 자신의 팀이 어떻게 성공적으로 위기를 관리했는지 강조했다.

사장과 함께 고개를 끄덕이던 그 사람이 한마디 한다.

"아주 훌륭합니다. 정 팀장님. 이렇게 다양하고 때로는 심각한 위기를 그 정도로 관리했다고 하니 경이롭습니다. 이런 위기관리 커뮤니케이션 활동을 할 때 외부 카운슬의 도움을 받고 있습니까?"

정 팀장은 그 질문의 뜻을 이해하지 못하고 묻는다.

"외부 카운슬러의 의미가 무엇입니까? 에이전시를 말하시는 건가요?"

홍보 임원이 답변했다.

"꼭 에이전시라고만 부를 수는 없고, 위기관리 커뮤니케이션을 진행하기 위해서는 항상 내부의 시각만이 유효한 것은 아니죠. 위기가 발생했을 때 조직에게 악마의 대변인Devil's Advocate 역할을 해 줄 수 있는 외부 전문가들이 필요하다는 겁니다. 위기관리 커뮤니케이션에 전문적인 조언을 해 줄 수 있는 적절한 회사를 찾아서 그들의 도움을 받는 것이 좋을 거예요."

사장이 그 임원의 말을 받아 한마디 거들었다.

"맞아. 내 생각도 그래. 정 팀장이 리드해서 내년부터 지금까지 해 왔던 위기관리 커뮤니케이션 방식을 한층 더 업그레이드해야겠어. 그러니까, 외부 카운슬러를 한번 구성해 보지. 좋은 생각 같아."

사장은 합작사 임원 앞에서 한번 우쭐해 보고 싶은 듯했다.

정 팀장은 알겠다는 동의를 표하고 프레젠테이션을 종료했다. 그 임원이 다른 회의실로 자리를 옮기면서 정 팀장에게 다가와 어깨를 토닥였다.

"정 팀장, 굿 잡."

홍보 임원에게 정 팀장이 고맙다는 제스처를 보냈다. 하지만 노트북을 챙겨 돌아서는 정 팀장은 고민이 앞섰다. 외부 전문가를 쓰면 좋은 걸 누가 모르나. 예산이 문제지.

가만 생각해 보니 그 자리에서 사장님이 동의하셨으니 예산 확보

기본부터 준비하라 77

가 어렵지 않을 것 같았다. 팀으로 내려와 조 과장에게 이야기했다.

"사장님 지시니까, 위기관리 커뮤니케이션 전문 회사를 한번 알아봐. 먼저 예산을 산정한 다음 나에게 보고해 줘."

조 과장이 알았다면서 전화를 돌리기 시작했다.

며칠 후, 조 과장이 보고를 들고 왔다.

"팀장님, 저희 회사와 케미스트리가 맞을 것 같은 위기관리 커뮤니케이션 전문사들 몇 분과 미팅을 했습니다. 회사의 의견을 전했고, 일상적 위기관리 커뮤니케이션 카운슬러서 최소한의 관계를 맺는 데 어느 정도 예산이 필요한지 조사해서 정리했습니다."

정 팀장이 파워포인트에 그려진 예산 비교 차트를 올려다봤다. 답이 안 나왔다. 그 정도의 예산이 연간으로 홍보팀에 허락될 리가 없었다. 정 팀장은 사장과 논의할 사항이라고 판단하고, 사장에게 보고하기 전에 몇 개 전문회사의 임원들을 다시 불렀다. 정 팀장은 해당 서비스 개념을 좀 더 깊게 질문했다. 하지만 각 회사의 임원들과 이야기를 나누는 동안 무언가 풀리지 않는 매듭이 느껴졌다. 이들이 이야기하는 것들이 정 팀장 회사의 내부 상황에 적절하게 적용되지 않을 것 같다는 느낌이었다.

정 팀장이 관리했던 몇 가지 위기 사례들을 중심으로 이야기를 나누면서 더욱더 어프로치가 다르다는 것을 느꼈다.

"정 팀장님, 팀장님께서 지난달에 경험하신 그 사례에 대해서 하나의 인사이트를 말씀드리고 싶습니다. 그 이슈의 핵심은 회사 제품이 소비자에게 분명히 '위험한' 제품으로 인식되고 있다는 것입니다. 회사에서는 그 원인을 잘못된 언론 보도라고 생각하고, 언론 보도기사 관리에만 초점을 맞추셨는데요. 좀 더 적극적이고 하이 프로파일 포지션으로 소비자 인식을 함께 관리했으면 어땠을까 합니다."

정 팀장은 고개를 끄덕였다.

"아주 멋진 인사이트 감사드립니다. 그 당시 저희 홍보팀 의견도 바로 말씀해 주신 그대로였습니다. 하지만 윗분들께서 일단 기사를 빼라, 그리고 보노 내용을 일단 해명하라고 하셔서 그 정도 수준으로 업무를 종결했지요. 윗분들의 생각은 우리 제품에 아무 이상이 없는데 무슨 소리가 더 이상 필요하냐는 게 전부십니다. 이런 생각들을 극복하기가 쉽지 않습니다."

정 팀장이 가만히 예전 사례들을 돌아보니 자신이 잘못한 부분보다는 윗선에서 '이렇게 하라.'고 명령한 부분이 더 문제였던 것 같다. 하지만 그들이 회사의 핵심이고 예산 또한 감독하고 있기 때문에 그들의 명령을 따를 수밖에 없다. 내부에서 아무리 그들을 설득하려 해도 조직적인 문제에서 자유롭지 못한 정 팀장에게는 한계가 존재했다.

정 팀장이 그들에게 이야기했다.

"여러분께서는 좋은 인사이트들을 주셨습니다. 하지만 제가 솔직하게 저희 회사 조직과 철학을 평가할 때는 아직은 저희가 외부 카운슬을 통해 큰 효율성과 생산성을 기대하기 어려울 것 같습니다. 저희가 준비되면 그때 꼭 같이하시지요. 죄송합니다."

조 과장의 얼굴이 사색이 되었다. 여러 컨설턴트들이 회의실에서 떠나자 조 과장이 물었다.

"팀장님, 제가 보기에는 위에다가 잘만 보고드리면 이 중에서 한 회사하고는 일할 수 있을 것 같은데요. 왜 맘에 안 드세요?"

정 팀장이 웃으면서 답했다.

"조 과장, 그들이 모자란 게 아니야. 우리가 아직 준비가 안 된 거야. 그렇게 엄청난 예산을 사용하면서 그들의 인사이트를 흡수하고 실행하지 못한다면 그 예산은 허비되는 거지. 위기를 바라보는 시각을 우리가 좀 더 개선해야 해. 우리 조직 내부에서 먼저 위기나 위기관리, 더 나아가서 위기관리 커뮤니케이션에 대한 개념과 철학을 수립해야 한다는 생각을 했어. 그 이전에 사장이 시킨다고 무조건 외부 카운슬러를 고용한다는 것은 예산 낭비지. 우리가 기본을 좀 더 갖추는 것이 우선이라는 것이 내 결론이다."

조 과장은 이해가 안 된다는 표정으로 고개를 갸우뚱한다. 정 팀장은 창밖을 내다보면서 혼자 뇌까린다. 위기는 기업의 철학에 대한 시험이야. 그건 돈으로 살 수도 없고, 교육으로 되는 것도 아니야. 성공적인 위기관리를 해 나가는 회사가 드문 이유가 바로 그거지. 우리 회사는 아직 갈 길이 멀어, 아주….

tip box

　일부 기업은 외부 위기관리 컨설턴트에게 위기관리 매뉴얼을 주문한다. 밖에서 이미 만들어진 위기관리 역량을 그대로 옮겨 심으면 되지 않을까 생각하는 듯하다. 내부적으로는 별로 필요하지 않고 절실하지도 않은데 외부 컨설턴트를 쓰려다가 내부 반발에 부딪혀 좌절하기도 한다.

　일부 위기관리 컨설턴트들은 자신들의 틀에 고객사를 집어넣어 정형화된 위기관리 체계를 강요한다. 중요한 것은 절대 위기관리 컨설턴트 홀로 고객사를 위한 위기관리 체계를 만들지 못한다는 사실이다. 고객사의 위기관리 주관 및 유관 부서가 위기관리 체계를 만들어 나가고, 그 과정과 품질을 외부 위기관리 컨설턴트가 조정하고, 업그레이드 하는 방식이 가장 최선이다.

　회사와 비즈니스 그리고 자신들의 위기 요소에 대해 가장 잘 아는 사람은 고객사 내부의 주관 및 유관 부서 실무자들이다. 반면에 다른 유사 기업을 비롯해 여러 이종 기업의 위기관리 체계를 가장 잘 알고 있는 사람들이 바로 위기관리 컨설턴트들이다. 이 두 분야의 여러 사람이 모두 모여 앉아 가장 적합한 체계를 함께 설계 시공해 나가야 맞다. 물론 그 이전 모든 기초공사는 고객사의 몫이다.

> 위기관리 이렇게 했다
현대캐피탈 고객 정보 해킹

▐ Hyundai Capital CEO가 발로 뛴 현대캐피탈 위기대응

2011년 4월 7일 목요일 오전 9시, 현대캐피탈 IT팀 앞으로 협박 이메일이 하나 전달됐다. 해커 자신이 '현대캐피탈 고객 DB를 해킹했으며, 책임자와 대화를 원한다.'는 내용이었다. 이 이메일은 사내 정보 보안팀과 공유했고, 이 순간부터 본격적으로 위기관리가 시작되었다.

현대캐피탈 정태영 대표는 당시 북유럽 출장 중이었다. CEO를 대신해 경영지원본부장인 부사장이 즉시 위기관리를 위한 비상대책본부를 소집했다. 내부 주관 및 유관 담당자들과 외부 로펌 등이 참석했다. 이 비상대책본부는 출장 중인 정 대표와 끊임없이 컨퍼런스콜로 커뮤니케이션 하며 가림막으로 격리된 회의실에서 3일간 줄곧 위기를 관리했다.

현대캐피탈은 경찰과 초기부터 협업했다. 해커를 검거하기 위한 협조가 필요했다. 시간이 흘러 수사 상황이 진전되고 파악이 되자 현대캐피탈은 경찰의 협의하에 그다음 날인 8일 대언론 커뮤니케이션을 준비했다. 당시까지 해외에 있던 정 대표는 컨퍼런스콜을 통해 비상대책본부에게 이렇게 이야기했다. "현재 상황에서 최대한 많은 정보를 고객과 공유하는 것이 나의 원칙"이며 "앞으로 시시각각 상황이 변할 텐데 일일이 나한테 보고하려고 하지 말고 비상대책본부가 중심이 돼서 대처하라."고 주문했다. 그리고 "책임은 내가 진다."라며 비상대책본부에게 힘을 실어 주었다.

　홍보실은 8일 오후 해킹과 협박 사실을 언론에 발표했다. 이 시간 정태영 대표는 한국발 비행기에 올랐다. 모든 언론의 추가 문의는 홍보실로 일원화해 처리되었다. 대서특필된 보도를 보고 해커는 또다시 강한 협박 메일을 보내왔다. 하지만 현대캐피탈은 경찰의 조언을 듣고 답변하지 않았다.

　9일 오전 정태영 대표가 귀국해 사무실에 들어왔다. 곧바로 회의가 시작되었고, 그 이후 며칠간 비상대책본부 구성원들과 피해 상황이나 진척 사항을 지켜보며 비상대책본부를 이끌었다. 일부 변호사들의 우려에도 불구하고 다음 날인 10일 정 대표가 스스로 나서 기자회견을 자청해 홍보실은 준비를 시작했다. 정 대표는 "투명성을 가장 우선한다는 우리의 원칙을 고객들에게 다시 확인시켜 주어야 한다."고 비상대책본부 구성원들에게 이야기했다.

　일요일인 10일 오후 정 대표는 현대캐피탈 본사에 마련된 기자회견장에 들어와 기자들과 터지는 카메라 플래시 앞에 머리를 숙였다. 그리고 지금까지의 상황을 상세히 소개했다. 기자들의 여러 질문에도 성의껏 답변했다.

　정태영 대표를 비롯한 비상대책본부 구성원들은 다시 가림막으로 둘러쳐진 비상대책본부 회의실로 돌아가 계속 상황을 분석하면서 이후에도 일관되게 위기관리를 진행했다.

기본에 충실한 현대캐피탈의 위기대응

1. 위기 시에는 그 누구보다 위기관리 위원회(또는 위기관리 위원회, 비상대책본부)가 의사결정의 중심이 되어야 한다. CEO가 국내에 없거나, 자칫 유고 시라도 흔들림 없이 빠른 위기관리 의사결정을 하는 위기관리 주체 그룹이 있어야 한다.

2. 기업위기관리에 있어 CEO의 철학은 성패를 좌우하는 나침반 역할을 한다. "비상대책본부에게 모든 것을 맡긴다."는 임파워먼트(권한 배분) 철학, 위기 시 항상 투명하게 커뮤니케이션 해야 한다는 철학은 현대캐피탈 위기관리 케이스의 백미다.

3. 위기 시 기업은 언론만을 유일한 커뮤니케이션 우선순위로 놓아서는 안 된다. 현대캐피탈은 경찰, 기타 정부기관, 고객, 언론, 직원에 이르는 폭넓은 이해관계자를 통합적으로 관리하고 커뮤니케이션을 했다. 이는 비상대책본부라는 팀워크가 있었기에 가능했다.

4. 위기 시 CEO의 가시성 visibility 확보는 상당히 중요하다. 그러나 실제 위기가 발생하면 비상대책본부에 속한 여러 전문가들과 담당자들이 CEO가 앞에 나서는 사안에 대해 찬반이 나뉜다. 핵심은 해당 기업이 얼마나 투명하게 커뮤니케이션하고 있는지를 모든 이해관계자들에게 '이해받을 수 있는가'

여부다. 기자회견 등을 통한 CEO 가시성 확보는 CEO 자신의 의지와 비상대책본부 전문가들의 의견을 종합해 결정해야 하는 사안이다. CEO가 무조건 나서는 것이 필요하다기보다는 전략적으로 나서야 할 때 나서는 것이 중요하다.

5. 현대캐피탈이 빠르게 대응할 수 있었던 요인은 미리 사내에 위기관리를 위한 비상대책본부 개념의 체계가 존재했기 때문이다. 로펌을 비롯한 외부 전문가를 포함한 수준 높은 비상대책본부 체계를 중심으로 미리 발생 가능한 위기 상황을 지속적으로 시뮬레이션하고 트레이닝하면 기업은 상당한 위기관리 역량을 갖춘다.

이해관계자별로 역할 배분
지역 언론과의 유대 강화
소비자들에게 주목하라
NGO와 소통하라
직원을 적대시하지 마라
소셜 미디어 위기관리

이해관계자들과 소통하라

2

수많은 위기관리 성공 케이스를 보면
상대의 주장과 피해 사실에 대해 심리적으로 공감하고
함께 확인하며 규명하는 성실한 자세가 가장 효과적인 전략이다.
공개적인 상호 난타전보다
인간적인 '마주 앉음'과 대화하려는 노력이 핵심이다.

이해관계자별로
역할 배분

대관업무 팀장이 정 팀장에게 어두운 얼굴로 다가와 물었다.
"정 팀장님, 기자들한테 무슨 이야기 못 들었어요?"
정 팀장이 대관업무 팀장을 놀아보면서 답했다.
"왜? 왜? 또 무슨 일 있어?"
대관업무 팀장이 조용하게 이야기한다.
"공정위에서 움직일 낌새가 보여서요. 가격 가지고 내사가 들어올지도 몰라요. 혹시 모르니까 조심해야 할 것 같아요. 우리가 뭐 죄가 있어서 그런 게 아니고… 자칫 잘못하면 독박을 쓸 수도 있으니까."
정 팀장은 고개를 떨어뜨렸다. 가뜩이나 시장 상황도 좋지 않은데 가격 담합을 의심받고 있다니 속이 탔다. 기자들에게 문의가 오면 또 뭐라고 답변해야 하나 걱정이다. 일단 정 팀장은 팀원들에게 이메일을 비롯한 모든 문서를 분류, 정리하고 필요한 서류들은 별도의 외장하드로 옮기라고 지시했다. 혹시나 하는 마음에 외장하드에 중요한 서류와 정보를 챙겨 놓아야겠다는 생각이었다.

특히나 정 팀장의 노트북은 회사 내의 거의 모든 중요한 대내외 정보가 부분적으로 들어 있기 때문에 혹시 극단적인 사태가 벌어지면 자칫 위험할 수 있다. 정 팀장은 이 때문에 노트북이 아닌 소형 외장하드를 사용해 왔다.

몇 년 전 국세청 감사를 받았을 때의 경험을 되살려 정 팀장은 항상 조심스럽게 행동해 왔다. 정 팀장은 무거운 마음을 안고 퇴근했다. 오랜만에 야근하지 않고 일찌감치 퇴근해서 잠자리에 들었다.

정 팀장은 새벽 알람시계에 맞춰 평소처럼 다섯 시에 기상했다. 그리고 한 시간가량 골프 연습을 하고 회사로 출근했다. 일곱 시 반경에 회사에 도착해 책상 위에 놓인 신문들을 읽기 시작했다. 여느 때같이 하나둘 직원들이 출근을 시작하고 다른 부서의 컴퓨터도 하나둘 켜지고 있었다.

그러던 갑자기 사무실 불이 켜지고, 검정색 양복 입은 사람들이 사무실로 들이 닥쳤다. 그중에서 나이가 들어 보이는 한 사람이 소리를 쳤다.

"공정위에서 조사차 나왔습니다. 모든 직원은 하던 일들을 멈추시고 자리에서 그대로 일어나시기 바랍니다. 저희가 사무용 컴퓨터와 노트북을 먼저 검사하겠습니다."

정 팀장은 고개를 숙였다. 올 것이 왔구나…. 정 팀장은 옆에 산더

미처럼 쌓여 있는 신문 더미를 한 아름 안고 천천히 일어섰다. 그 신문 더미 안에는 정 팀장의 외장하드가 들어 있었다. 정 팀장은 신문 더미를 들고 기자실 쪽으로 이동했다.

검정색 양복을 입은 공정위 직원이 다가와서 묻는다.

"뭐 하시는 겁니까? 소속이 어떻게 되세요?"

정 팀장은 태연하게 대답했다.

"저요? 정필경제 기자인데요. 무슨 일이십니까? 뭐예요?"

정 팀장의 태연한 반응에 검정색 양복이 한걸음 물러섰다.

정 팀장은 유유히 기자실로 신문 더미를 안고 사라졌다. 기자실에 들어와 안도의 한숨을 내쉬었다. 괜히 쓸데없이 예상 못 한 자료라도 걸려 봐. 사내에서나 회사 안팎으로 뭐가 되겠어. 정 팀장은 기자실 내를 두리번거렸다. 일주일에 한두 번 기자실로 출근하는 석간 강력경제 기자가 다행히 오늘은 나오지 않았다.

일단 기자들에게는 시침을 떼기로 했다. 이따 몇몇 기자들이 기자실에 들르기 전에 저 바깥의 검정색 양복들이 일을 마치고 빨리 떠나 주기만 바랄 뿐이다. 하늘이 도왔는지 오늘따라 기자들이 기자실로 일찍 출근하지 않았다.

몇 시간이 지나 회사 내에서 검정색 양복들이 철수했다. 사장과 영업 부사장 그리고 기획 부사장이 흡연실에 모여 줄담배를 피워 댔다. 사장이 흡연실로 들어서는 정 팀장을 바라보면서 묻는다.

"정 팀장, 어떻게 됐어? 홍보팀 쪽에서는 무슨 문제없었지?"

정 팀장이 힘없이 대답한다.

"네, 다행히도…."

기자들이 오전 늦게 기자실로 들어섰다. 별다른 낌새를 느끼지 못한 듯하다. 모 경제지 기자가 정 팀장에게 다가와서 한마디 한다.

"정 팀장님, 오늘 점심이나 같이하죠. 생태탕 잘하는 데 있는데."

정 팀장은 제 발이 저린 듯 조용하게 대답했다.

"어… 어, 그래 그럽시다. 우리 조 과장하고 다 같이 가자고. 어제 술을 많이 했으니 생태탕이 좋겠네요."

아침부터 쇼를 하고 점심식사로 기자들과 생태탕집에 들어가니 소주 생각이 절로 났다. 생태탕에 고니를 듬뿍 시키고 소주 두 병을 시켰다. 한 기자가 놀라서 묻는다.

"어이, 정 팀장. 오늘 왜 이러셔. 어제 술도 과했다면서?"

정 팀장이 웃으면서 말했다.

"그냥 해장술이 당기네… 시원하게 한잔하지 뭐."

홍보 담당자들이 마시는 술에는 보통 이유가 없다. 하지만 가끔 개인적으로 '이유 있는 술'을 마실 때가 있다. 홍보 담당자들에게는 이유 있어 마시는 술이 백 번에 한두 번 정도 있어 다행이다. 이것조차 없었다면 홍보라는 일은 할 일이 못 된다. 주변 그 누구에게도 스트레스를 토로하기 힘든 게 이 일이기 때문이다. 모든 이해관계자 관리와 대응이 홍보팀 소관은 아닌데도 스트레스는 홍보팀이 받는다.

tip box

　일부 기업은 공정거래위원회(공정위)나 국세청, 식약청 같은 규제기관까지 홍보실에 관리 대응 업무를 지정해 놓고 있다. 언론은 물론 일부 악성 소비자와 NGO 그리고 지역 커뮤니티에 이르기까지 거의 대부분의 외부 이해관계자들의 업무를 홍보실에 일임하곤 한다.

　이런 체계는 위기 시에 폭발적으로 문제가 불거지는 결과를 낳는다. 위기가 발생해 전사적인 대응도 모자랄 판에 대부분의 부서들이 다양한 이해관계자들에게 "홍보실로 문의해 보세요."라고 일방적으로 커뮤니케이션을 한다. 당연히 과부하가 걸린 홍보실은 열심히 대응하면서도 결국 아무것도 제대로 하지 못하는 결과를 낳는다.

　중요한 것은 위기 발생 시 많은 이해관계자들의 관리 창구를 하나로 일원하는 것이 아니다. 이해관계자별로 관리 창구를 지정해 여러 창구가 하나의 메시지 One voice를 내는 것이 중요하다. 실제로 많은 기업이 위기 시에 정부, NGO 등의 관리는 기획이나 대관, 법무부서에서 나누어 리드하게 한다. 언론은 홍보부서, 소비자는 소비자관리부서와 영업부서, 지역 커뮤니티는 지역 공장 또는 지점에서 관리를 리드하게 한다. 인사부서에서는 위기 시에 직원을 대상으로 하는 내부 커뮤니케이션을 하게 한다. 경찰이나 소방서 등의 관리와 대응은 총무부서에서 리드하게 하고, 외부기술전문가나 제3자 인증 그룹에 대한 관리 활용은 기술부서와 생산부서 등에서 진행한다. 이런 이해관계자별 대응 체계를 R&R Role&Responsibility이라 한다.

이해관계자들과 소통하라　93

지역 언론과의 유대 강화

사장에게 이메일이 하나 포워드됐다. 'Extremely Confidential(극비)'이라는 제목이 붙은 비밀 이메일이다. 외국 M&A 컨설턴트가 작성한 것으로 보이는 그 이메일을 열어 읽어 보았지만, 도무지 무슨 말을 하는 건지 해석하기 힘들었다. 기나긴 문장들을 읽어 내려가다가 정 팀장은 갑자기 뒷부분의 한 문장에서 눈이 멈췄다.

'Shutdown of the A plant'. 즉, 회사 공장들 중 특정 지방 도시의 공장 하나를 폐쇄한다는 계획이다. 역시 시장 상황이 상당히 안 좋구나! 정 팀장은 깊은 한숨을 내쉬었다. 그에 대한 윗선과 컨설턴트들에게서 명령이 내려왔다.

"가능한 한 공장 폐쇄 관련해서 지역 언론의 반응을 예측하고, 사전에 정지 작업을 실행해서, 공장 폐쇄 관련한 지역 언론의 비판을 최소화하라."

정 팀장은 즉각 답변했다.

"우리 경험으로나 현재 지역 정서로나 해당 지역 플랜트를 폐쇄하고 직원 오백여 명을 해고하면서 지역 언론의 주목을 받지 않고 넘어갈 수는 없습니다."

또한 아주 절실하게 상황을 설명했다.

"현재 그 지역에는 전국 언론 주재 기자들뿐 아니라, 지역 언론만 해도 십여 개가 넘습니다. 그리고 지금까지 이들과의 커뮤니케이션은 공장 측에서 담당해 왔기 때문에 본사 홍보팀의 역할은 제한되어 있습니다."

개인적으로 정 팀장은 지역 언론사 기자들과 '맞장'을 뜨는 것이 부담스러웠다. 정 팀장 자신이 그 지역의 출신도 아닐뿐더러, 본사 출입 기자단을 하루하루 꾸려 나가는 것도 힘겹기 때문이었다.

윗선에서는 아주 단호하게 답변해 왔다.

"정 팀장, 당신의 역할이 아주 중요하다. 당장 그 지역으로 내려가서 사전 정지작업을 시작하도록. 우리에겐 시간이 없다."

정 팀장은 그러면 그렇지 하고 고개를 숙인다. 부사장도 이메일로 답변을 추가해 왔다.

"정 팀장, 플랜트 폐쇄와 관련해서 지역 언론 사전 정지작업 예산이 내려왔으니, 재무팀과 상의해서 관리 바랍니다."

이제는 뭐 빼거나 잴 수도 없는 상황이다. 홍보 팀원들을 다 불러 모아 특공대를 만들었다. 조 과장과 신 대리를 데리고 내려가기로 했다. 일단 그 공장장의 지원을 받고, 그 공장 총무부장의 지역 네트워크를 활용하기로 했다.

공장 총무부장이 며칠에 걸쳐 지역 언론사들을 그룹별로 모아 저녁식사를 단체로 어레인지해 주었다. 그 지역에 있는 명문 고등학교를 나온 총무부장의 네트워크 덕을 많이 봤다. 정 팀장은 기자들과 커뮤니케이션하기 위한 예상 질의응답 팩을 만들어 홍보팀에서 차출된 일명 특공대원들과 공유했다.

표면적인 방문 목적은 '지역 홍보 강화'로 한정했다. 그리고 핵심 메시지는 '우리가 어떻게 지역 언론사를 도와야 하는지에 대해 스터디 중입니다.'로 했다. 그 이전에 미디어 석식을 준비한 목적은 지금까지 소원했던 본사 홍보팀과 지역 언론 담당기자들 간의 우호 증신으로 잡았다.

그 지역에서 가장 고급인 일식집에서 단체 저녁식사를 준비했다. 정 팀장이 그 지역 소주를 출입 기자단 간사쯤 되는 기자에게 한잔 따랐다. 그 간사 기자가 정 팀장의 잔을 받아 채우면서 한마디 했다.

"아니, 지금까지 한 번도 안 내려들 오시다가 무슨 일인가요? 무슨 크게 발표할 이야깃거리라도 있나요?"

정 팀장은 양옆의 조 과장과 신 대리를 둘러보면서 천연덕스럽게 말한다.

"아뇨. 아까도 말씀드린 것같이 본사 홍보팀이 이제 앞으로 지역 언론도 챙기려고 합니다. 저희가 관심을 넓혀야죠. 이제…."

정 팀장의 대답에 안심한 듯한 지역 언론사 기자들이 한두 마디

씩 거든다.

"회사 쪽에서 너무 서울 기자들만 챙기는 거 아닌가요?"

"지역에 조금 더 관심을 가지고 투자를 좀 하세요."

"우리 지역에서 지역 회사를 살려야 하는 건데… 죄송합니다."

술자리가 무르익어 감에 따라 여러 가지 우호적인 제안과 지원 약속이 이어졌다.

특별 지원 예산을 보니 지역 언론에 한두 바퀴 정도 광고 지원도 가능해 보였다. 정 팀장은 기자들이 솔깃할 만한 얘기를 던졌다.

"각 언론사마다 진행하는 캠페인 같은 것 있으시면 말씀해 주세요. 저희가 많이는 못 해도 성의는 표시하겠습니다."

기자들의 얼굴이 밝아졌다. 이제야 이 회사가 지역에 관심을 두는 건가 하는 표정이었다.

술자리를 겸한 식사를 마치고, 한잔 더 하기 위해 기자단과 함께 자리를 옮겼다. 양주가 나오고 폭탄주가 돌았다. 기자단 간사가 정 팀장 옆자리에 앉아 폭탄주를 말면서 귓속말을 했다.

"오늘 참 좋습니다. 이렇게 대기업에서 지역에 내려와서 관심을 보여 주는 게 흔치 않습니다. 앞으로 우리 도움이 필요한 게 있으면 말씀하세요."

정 팀장은 폭탄주를 그대로 목 안으로 털어 넣으면서 쓸쓸히 웃는 것으로 답변을 대신했다.

노래가 시작되고, 홍보 팀원들과 기자들이 어깨동무를 하고 즐거운 시간을 보냈다. 조 과장은 지역지 짱돌신문 기자 중 하나와 같은 대학교 선후배 사이인 것이 확인되자 '형님, 동생' 하면서 즐거워했다. 그러나 정 팀장은 가슴이 아팠다. 계속 쓸쓸하게 웃으면서 폭탄주를 말아 기자 한 명 한 명과 러브샷을 했다.

새벽이 되어 판을 물리고, 술집을 나서는데 다들 기분이 아주 좋은 듯했다. 가장 발행 부수가 많다는 왕초신문사 기자가 정 팀장에게 한마디 한다.

"정 팀장님, 다음번에 내려올 때는 홍보팀이랑 기자단이랑 같이 골프 한번 합시다. 주말 끼고 내려와서 하룻밤 자고 가시죠 뭐. 저희가 어레인지할게요."

정 팀장이 대답했다.

"네, 알겠습니다. 다음번에 또 뵙지요. 귀한 시간들 내주셔서 오늘 너무 감사했습니다. 앞으로 열심히 하겠습니다. 감사합니다."

기자단 한 명 한 명과 이별 악수를 하면서 정 팀장은 더욱 심란했다. 너무 친해져서 골프 약속까지 했는데 다음 홍보팀이 이 지역에 다시 웃으면서 내려올 수 있을까? 이들과 즐겁게 이야기를 나눌 수 있을까?

즐겁게 택시를 타고 돌아가는 기자들의 뒷모습에 구십 도로 허리를 숙이면서 배웅했다. 많이 취한 조 과장과 신 대리가 그 옆에서 같이 허리를 숙이고 있었다.

tip box

아직도 많은 기업들이 서울을 중심으로 하는 중앙 언론만 관리한다. 지역 언론을 포함한 지역 여론과 민심에는 충분히 관리할 여력이 없는 기업이 많다. 따라서 위기가 발생하면 위기 발생 지역을 중심으로 단발적인 언론 및 주민 대응에만 머무른다. 문제는 이제 인터넷의 발달로 중앙 언론과 지역 언론 간의 차이가 없어졌다는 사실이다.

수도권 주민들과 저 멀리 전라남도, 경상남도 주민들 간의 격차도 대부분 사라졌다. 이전에는 지역에서 회자되던 지역 위기가 이제는 하루 만에 전국적인 위기로 인식될 수 있다는 뜻이다. 그러나 기업의 인력과 관리 예산 등의 한계로 이에 대한 적절한 시스템화는 요원하다. 일부 기업에서는 지역 공장이나 핵심 지점 내부에 해당 인근 지역의 언론이나 지역 커뮤니티 관계를 담당하는 실무자를 선정해 놓기도 한다. 그러나 많은 기업들이 커뮤니케이션 채널로서만 실무자들을 선정해 놓을 뿐 그들이 지역에서 활동할 수 있는 필요 인력이나 예산을 제공해 주지 못하고 있는 것이 아쉽다.

앞으로 지역 언론과 주민을 대상으로 하는 위기관리 시스템에 대해 각 기업의 특수성과 필요성에 따라 좀 더 깊이 있게 토론해야 한다. 단발적이고 임기응변적인 활동을 최소화하는 것이 시스템화다.

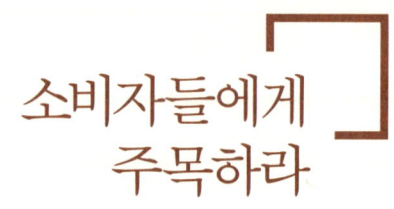

소비자들에게 주목하라

    소비자상담센터 팀장이 헐레벌떡 홍보팀 사무실로 뛰어 들어와 정 팀장을 찾았다.
    "정 팀장님, 정 팀장님, 잠깐만 봬요."
    정 팀장은 하던 일을 멈추고 소비자상담센터 팀장과 회의실로 들어갔다.
    "정 팀장님, 오늘 아침에 소비자상담센터로 전화가 한 통 왔어요. 그런데 이게 좀 심각해."
    그 팀장은 회의실에서 문 쪽을 두리번거리면서 소비자상담 리포트를 조심스레 보여 준다.
    "어떤 미친놈이 전화를 해서 우리 A 음료에 청산가리를 푼다고 하네. 십 억을 달라고 요구하고는, 말을 듣지 않으면 이번 주말에 각

놀이공원 등지에서 팔릴 우리 음료에 청산가리를….”

이건 또 뭐야. 정 팀장은 심호흡을 했다.

"방금 전에 사장님께 보고드렸더니, 경찰에는 어떻게 신고해야 하느냐고 정 팀장에게 자문을 얻으라고 하더라고요."

정 팀장은 곰곰이 위기관리 매뉴얼상에는 이런 이슈가 어떻게 분류되어 있는지 기억해 냈다.

"흠… 팀장님. 일단 위기관리 위원회를 소집해 봐야 결론이 날 것 같아요. 제가 사장님께 보고드리고 위기관리 위원회를 긴급 소집하지요."

"아, 네… 그러면 그게 언제쯤?"

정 팀장은 가능한 한 빨리 결론을 알려 주겠다고 하고 사장에게도 같은 내용을 보고하려고 전화했다. 그리고 위기관리 위원회 소집을 각 담당자에게 알렸다. 문제는 연말이라 위기관리 위원회로 지정된 임원들의 과반수가 사내에 없었다. 일단 리콜을 담당해야 할지도 모르는 영업 부사장은 아르헨티나 출장 중이었고, 사내 변호사인 법무 부사장은 자신의 본가인 미국으로 휴가를 떠난 상황이었다. 심지어 사내 위기관리 위원회에서 중추적인 역할을 해야 하는 기획 부사장은 급성간염으로 병원에서 요양 중이었다. 절대 안정을 해야 한단다.

일단 매뉴얼상에서 위기관리 위원회로 지정된 부사장들과 부문별로 부사장 유고 시 대체 인력인 일부 팀장들이 다 모였다. 사장이 먼저 입을 열었다.

"법무 팀장, 미국에 있는 부사장에게 전화해서 이럴 경우 경찰과 어떻게 협조해야 하는지 알아보세요. 현재 상태에서 해당 지역 리콜을 발표해야 하는지, 아니면 일단 경찰에 수사 의뢰를 하고 지켜봐야 하는지 말이죠."

"네."

대답하는 법무 팀장의 표정이 안 좋았다.

"내일 휴가 가려고 하와이행 비행기 표까지 다 끊어 놓았는데… 이걸 어쩌나. 어휴, 참 팔자도…."

법무 팀장은 회의를 마치고 나오며 정 팀장에게 하소연했다.

여러 부문에서 각자 해야 할 일을 정하고 회의를 마쳤다. 일단은 미국에 있는 법무 부사장의 의견을 들어 봐야겠지만, 일단 소비자상담실에 녹취된 협박범의 녹음된 목소리를 증거로 경찰에 수사 의뢰를 하고, 해당 지역에서 리콜을 받는 것은 가능한 상황을 봐서 판단하자는 것이 큰 방향이었다.

영업 팀장이 정 팀장에게 와서 툭 이렇게 말한다.

"십 년 전에도 이런 협박이 있었잖아요. 그때도 뭐 어떤 미친놈이 그냥 장난전화 한 걸로 끝난 건데… 요즘엔 사장이나 지점이나 너무 민감한 것 같아. 연말에 이게 뭐냐고. 다들, 에이."

정 팀장은 그때를 기억했다. 십 년 전이면 정 팀장이 과장일 때였다. 그때 당시 홍보 팀장의 얼굴이 기억났다. 물론 일주일 만에 단순 장난전화로 결정 났지만, 그 당시 홍보 팀장은 일주일 동안 잠도 못 자고 고생했다. 물론 그 당시 초짜 과장인 정 팀장도 같이 밤을 새우면서 노심초사했다.

법무 부사장의 의견이 왔다고 한다. 법무팀에서 대외비 이메일을 통해 위기관리 위원회에 법무 부사장의 의견을 정리해서 공유했다. 그 요지는 '일단 경찰에 수사 의뢰를 하고, 공개 리콜은 경찰 수사에 협조하는 차원으로 일정 기간 보류'였다. 정 팀장은 이 의견을 보면서 다른 생각을 했다. 만약 경찰이 수사하는 도중에 소비자들이 독극물이 든 우리 제품을 먹고 변이라도 생기면 그때는 어떡하나?

사장에게 올라가 그런 가능성에 대해 이야기했다. 사장은 고개를 끄떡이면서 말했다.

"어떻게 하겠어. 모 아니면 도 아닌가? 그런 유사한 사례가 많으니 적극적으로 공개 리콜을 하는 건 상당히 부담스러워. 브랜드 측면에서도 그렇고 말이야."

정 팀장이 느끼기에는 '일단 두고 보자. 일이 터지면 그때 가서 홍보팀에서 조금 신경을 쓰면 돼지.' 하는 의미로 해석됐다. 정 팀장은 이제부터 한 시간이 하루 같다. 홍보팀 사부실 벽에 걸린 '우리의 가치'라는 게시물을 올려다보았다.

"우리는 소비자의 건강을 최고 가치로 한다. 우리는 신뢰받는 기업이다."

정 팀장은 갑자기 눈물이 핑 돈다. 그 가치 선언문 앞에서 자신이 부끄러워진다.

조 과장이 와서 한마디 한다.

"팀장님, 예전에도 이런 케이스는 이렇게 대응했나요? 그냥 아무것도 하지 않는 게 우리 회사 대응 방식인가요?"

정 팀장은 나지막하게 이야기한다.

"회사란 말이야, 전체를 위해 개인들이 움직이는 조직이야. 어느 한 부서나 담당자의 가치가 중요하다기보다는 회사 전체의 가치라는 게 있어. 그게 일단 결정되면 우리 조직원들은 그걸 성실히 따르고 성공시켜야 하지. 그게 다 같이 성공하는 방법이다."

경찰의 수사가 며칠간 지지부진했다. 하긴 그도 그럴 것이 그 이후로는 협박범으로부터 추가 전화가 없었다. 주말은 다가오지만 추가적인 협박이 없으니 수사에 진척이 없을 수밖에. 회사에서는 영업사원 모두를 동원해 주말 동안 전국 각 지역의 놀이공원의 소매점을 특별 감시하기로 했다. 각 지역 소매점 주인들에게 특별 프로모션을 약속하고 각별한 협조를 요청했다.

내부적으로 홍보팀은 피해자 발생을 가정해서 공식 발표문의 아웃라인을 미리 만들고 예상 질의응답집을 구성하고 있었다. 제발 이 문건을 사용하는 일이 없기를 바라는 마음이지만, 가능한 한 완벽하게 대비하려고 모든 홍보 팀원이 밤을 새웠다.

주말 아침이 됐다. 사내에는 새벽부터 위기관리 위원회 전원이 회의실에 집합해 실시간으로 전국 현장 영업직원들과 경찰로부터의 핫라인을 개통해 놓고 있다. 시간이 간다. 한 시간, 두 시간…. 다들 입술이 말라 갔고, 잡담도 하지 못했다. 오후에 들어서니 화가 난 영업 팀장이 한마디를 한다.

"어떤 새끼인지 잡히기만 해라. 내가 죽여 버릴 테니…."

그다음 날인 일요일 저녁이 되었다. 이틀간 어떤 특이 사항도 발견되지 않았다. 현장 영업직원들도 한 팀 두 팀 철수를 시작했다. 위기관리 위원회도 경찰과 본사 측에 구두 보고를 하고 하나둘 철수한다. 법무 팀장이 걸어 나오면서 푸념한다.

"내가 또 이럴 줄 알았다고. 이게 무슨 손해들이야. 나도 비행기 표랑 호텔에 렌터카 예약까지 다 해약하고 말이지. 이건 누가 손해 배상해야 하는 거야?"

장난전화 한 통으로 수백 명의 영업직원도 며칠간 고생했다. 경찰은 물론이거니와 본사에서도 수백 명이 잠을 못 이뤘다.

tip box

소비자 관련 위기의 특성을 보면 항상 소비자보다 기업이 느리게 움직인다. 또한 기업보다 소비자들이 다양한 매체와 채널들을 활용해 상대를 압박한다. 블랙컨슈머나 협박범들의 케이스를 보아도 분명히 칼자루는 그들이 쥐고 있는 경우가 많다. 기업은 이런 이슈가 발생하면 여러 가지 고민을 하기 때문에 대응이 늦을 수밖에 없다. 많은 의사결정층이 존재하기 때문에 빠른 의사결정이 어렵다.

소비자 한두 명이 위기를 만들어 내지만, 위기대응은 기업 내 수십에서 수백 명이 해야 하는 것이라 아무래도 민첩성에 있어 기업이 불리한 부분이 많다. 따라서 이에 반복적으로 대응하던 기업은 소비자와 관련된 위기관리 방식을 내부적으로 시스템화하고 있다. 대응 주체에 대해서도 상당히 정제된 대응팀을 꾸리고 있다.

NGO와 소통하라

소비자단체 먹을거리를 사랑하는 모임(먹사모)이 시중에서 유통되는 식품 성분 조사를 실시해 그 결과를 발표했다. 총 삼십여 군데 회사의 동일 식품 중에서 정 팀장 회사 제품에서만 인체에 유해할 수 있다는 톡식울트라 성분이 소량 발견되었다. 그 소비자단체는 정 팀장 회사를 보도자료 제목에 언급하면서 유해 성분 검출 결과를 발표했다.

먹사모 소비자단체는 그 보도자료에서 검출된 성분에 대해 다음과 같이 언급했다.

'이번에 검출된 성분은 최근 미국 식품의학협회 조사결과 인체에 심각한 결과를 초래할 수 있는 위험 물질로 학계에서 새로 분류하고 있다.'

정 팀장은 기자들로부터 빗발치는 전화를 뒤로 하고 일단 사내 기술 팀장에게 전화를 걸었다.

"팀장님, 저 홍보 팀장입니다. 오늘 소비자단체에서 제품군 분석 조사를 발표했는데, 우리 제품에서만 유해 성분이 나왔다고 하네요. 이게 어떤 성분이고 인체에 얼마나 유해한가요?"

정 팀장은 큰 문제가 될까 싶어 가슴이 조마조마했다. 그러나 기술 팀장은 별 것 아니라는 듯 말했다.

"정 팀장님, 그거 별거 아니에요. 그 성분이라는 건 음식을 뜨거운 기름에 튀기면 다 발생해요. 일부 건강에 문제를 일으킨다는 조사 결과가 있기는 한데, 뭐 정설은 아직 아니고요. 이 성분은 정부 규제 대상도 아니에요. 아무 문제없는데 그 소비자단체가 괜히 난리를 치는 거죠."

정 팀장은 다시 세세한 부분을 물었다.

"신상에 문제를 일으킨다는 것은, 예를 들면?"

기술 팀장이 다시 답변했다.

"그러니까. 미국에서 조사 결과인데 이 성분에 민감한 알레르기가 있는 사람들이 일부 있는데 이런 사람들이 잘못 먹으면 뭐…."

정 팀장이 다그쳐 묻는다.

"먹으면요? 어떻게 되나요?"

"극히 일부 알레르기 환자가 먹으면, 뭐 조사 결과 자체로만 보면 사망도 할 수 있다는데요. 그게 정식으로 인정된 결과는 아니에요."

정 팀장은 눈을 깜빡이면서 전화기를 붙잡고 있었다. 이걸 어떻게 해야 하나? 기술 팀장은 전화를 끊기 전에 한마디 더 한다.

"정 팀장님, 다시 한 번 말씀드리지만 아직 전 세계적으로 그 위험성이 확실하게 인정된 것은 아니고요. 그리고 우리나라 정부도 규제치를 설정하지 않았으니 기자들에게 걱정 말라고 해 주세요."

정 팀장은 알고 있다. 우리나라에서 가장 상위법은 여론이다. 그리고 전 세계 어느 나라나 여론이 법 앞에 선행한다. 여론이 이후 법을 만들고 강화한다. 여론의 법정에서 사형선고를 받게 되면 그 이후에는 법적으로도 살아날 가능성이 희박해진다.

소비자단체들은 이미 정 팀장네 회사의 제품에 자발적인 리콜 또는 생산 중단을 요구하는 중이다. 어머니단체에서는 학교 급식에 제공되는 해당 제품을 납품 중단하라고 요청하고 있다. 소비자들은 정 팀장네 회사의 소비자상담실에 수천 통의 전화를 퍼붓고 있었다.

정 팀장은 이 문제는 간단하게 생각해서 포지션을 정할 문제는 아니라는 감을 잡는다. 그 여러 회사들 중 왜 우리 회사 제품에서만 이런 성분이 검출되느냐 이거지. 여기에 대해서는 할 말이 없네. 정 팀장은 혼자 중얼거리면서 사장실로 올라갔다.

사장이 묻는다.

"정 팀장, 대관팀에게 들었는데 소비자단체 발표에 대해 기자들 반응은 어때?".

정 팀장이 정리해서 답변했다.

"전반적으로 기존 위기와는 약간 감이 다릅니다. 해당 검출 성분이 일부 해외 사례에 의하면 아주 위험하고, 국내에 같은 식품을 유통하는 여러 회사 중 유독 저희 회사 제품에서만 검출돼서요."

사장이 고개를 저으면서 말한다.

"아니, 아니. 그건 아무 문제가 없어. 정부 규제 대상도 아니고, 위험하다고 정확하게 말할 수 있는 근거가 약해. 그걸 강조해야 하지 않겠나?"

정 팀장이 대답했다.

"네. 기술팀에서도 그렇게 조언해 주었습니다. 하지만 그 부분은 어디까지나 기술적이고 과학적인 답변입니다. 일반 소비자들이 이해하기에는 아무래도 의심이 많이 가고, 위험하다는 느낌이 강하게 들죠. 소비자단체 보도자료에서도 그 위험성과 미국 사례가 제시되었고요."

사장이 다시 물었다.

"그럼 어쩌자는 건가? 우리가 잘못했다고 하면 너무 문제가 커지잖아. 그럴 필요도 없는 이슈에 말이야. 규제 대상도 아닌데 그게 무슨 문제인지, 참."

정 팀장은 더욱 고민이 커진다.

"사장님, 앞으로 우리 제품에서 이 성분이 검출되지 않도록 생산하는 방법은 없을까요?"

사장이 눈을 크게 뜨고 말한다.

"아… 그거? 지금 사용하고 있는 기름을 바꾸면 된대. 그래서 내가 바꾸라고 했어요. 다음 달부터는 그 성분이 검출되지 않을 것 같은데?"

이해관계자들과 소통하라 109

정 팀장은 잠깐 생각을 하다가 다시 고개를 숙였다.

"저희가 기름을 바꾸어 다시는 이런 성분이 검출되지 않도록 하겠다는 발표를 하는 것도 문제가 될 수 있습니다. 그럼 지금까지는 왜 그렇게 하지 않았느냐고 반격이 들어올 수 있거든요."

사장이 말한다.

"그거야 그렇게 문제가 될지 몰랐지. 규제 대상도 아니고 말이야…."

정 팀장이 사장의 말을 끊는다.

"사장님, 규제 대상이 아니라고 아무 문제가 없는 것은 아닙니다. 여론의 법정에서는 규제 대상이 아니라는 사실이 아무 방패막이 되지 못합니다. 기본적으로 그들에게는 소비자의 인체에 유해할 수 있는 성분이라면 어떤 것도 절대 존재해선 안 되는 거라는 믿음이 있습니다. '규제'라는 것은 우리들만의 언어입니다. 통하지가 않아요."

사장이 정 팀장 어깨를 두들기면서 이야기했다.

"정 팀장, 왜 그래. 지금까지 잘해 왔는데. 내가 정리를 해 줄게. 일단 해당 제품은 인체에 유해하지 않다. 그리고 이번에 검출된 성분은 정부의 규제 대상이 아니다. 그리고 해당 소비자단체의 검사 결과를 신뢰할 수 없어서 다른 중립적인 조사 기관에 직접 성분 조사를 의뢰하겠다. 이렇게 하는 게 어때? 시간이라도 한번 끌어 보자는 거지. 오케이?"

정 팀장은 안다. 그런 꼼수가 통하지 않을 것이라는 것을. 그런데 그 이외에는 이 이슈를 풀어 나갈 수 있는 확실한 방법이 없다. 정 팀장 마음 같아서는 '제품 생산 관리를 더욱 철저하게 하겠다.'는 키 메시지를 전달하고 싶지만 그렇게 되면 여러 분야에서 후폭풍이 생긴다. 정 팀장은 여론의 법정에 나서는 마음이 유난히 무겁다.

tip box

소비자단체를 비롯한 NGO는 언론보다 좀 더 정확하고 세부적인 정보를 가지고 기업을 견제하는 경우가 많다. 그들 내부에는 상당히 공격적인 전문가가 존재하고, 그들의 주장은 상당한 수준의 연구 조사와 탄탄한 논리로 무장되어 있다. 기업위기 시 NGO에 대한 관리 목표는 '아군화'가 될 수 없다. 대신 '중립화' 또는 '개입 방지' 정도가 이상적인 관리 목표가 된다. 민감한 이슈가 발생했을 때 가능한 한 기업은 진솔하게 NGO와 커뮤니케이션 하는 것이 결과적으로 이롭다. NGO의 존재 이유를 인정하고 그들이 그렇게 할 수밖에 없다는 것을 이해하면서 함께 움직여야 한다. 평소 상호 간 긍정적인 협조 관계를 구축해 놓는다거나, 같은 성향의 NGO라도 우리 회사와 가까운 그룹을 하나둘 이상 확보하려고 노력하는 것이 중요하다.

일부 기업은 평소 관련 NGO와 CSR 활동을 함께하거나 NGO에서 실시하는 시상식 행사 등에 적극 참여하거나, 그들과 함께 사회적인 연구 활동을 진행하면서 상호 긍정적인 협조 관계를 바란다. 하지만 항상 기억해야 할 것은 NGO의 존재 이유를 잊지 말아야 한다는 것이다. 그들이 위기 시에 분명히 기업 편이 되어 줄 것이라는 말도 믿지 말아야 한다.

직원을 적대시하지 마라

제2공장장으로부터 전화가 왔다.

"정 팀장, 자네 의견을 좀 들었으면 해서 말이지."

"네, 공장장님 말씀하세요. 무슨 일이신가요?"

"흠, 이거 일종의 대외비인데, 우리 공장 직원 하나가 폐암에 걸려서 오늘내일 해. 젊은 친군데 올해 나이가 서른이거든. 임신 중인 아내가 있고 말이지. 그런데 이 직원이 폐암에 걸린 원인을 공장의 생산 환경 때문이라고 주장하고 있어. 물론 그 아내도 강력하게 항의하면서 산재 신청을 한다고도 하고 말이지…."

정 팀장은 감을 잡았다. 아, 또 이런 일이 생겼구나. 수년 전에도 영업직원 하나가 거래처 접대 건으로 과음을 하다가 뇌졸중으로 반신불수가 된 일이 있었다. 이를 두고 산재냐 아니냐 온갖 언론지상에서 가십으로 오르내리기도 했다. 이번에는 공장에서다.

"그 직원이 아주 회생 불가능한 건가요?"

"내가 병문안을 가 봤는데, 의사말로는 이번 주를 넘기기 힘들다더군. 그 아내는 아예 우리 공장 정문에 텐트를 치고 가족들과 항의 중이야. 어떻게 하지? 이쪽 지역 언론에서 취재 나온다는데…."

정 팀장은 공장장에게 위기관리 커뮤니케이션 매뉴얼을 보내 주고, 대응 활동에 관해 사세한 설명을 진행했다. 그리고 예상 질의응답집을 만들기 위해 노조 측 직원, 사내 변호사, 노무 관계자와 공장 해당 작업반장에게 전화를 걸어 사실 확인과 포지션을 확정했다.

사내 변호사는 이렇게 말했다.

"거… 그 이슈에 대해서는 언론 인터뷰 안 하는 게 좋을 겁니다. 아무것도 이야기하지 마세요. 나중에 어차피 소송으로 가야 하는데 떠들어 봤자예요."

항상 이런 식이라 별로 놀라거나 화나지도 않는다. 여기저기 내외부 전문가들의 의견을 들어 보니, 사실 공장 생산 환경이 열악하긴 하다. 정부 감독기관으로부터 일부 시설을 개선하라는 명령을 받기도 했단다. 왜 이게 개선되지 않는지에 공장장은 한마디로 답한다.

"그거야 본사가 알지. 예산 문제니…."

난감하다. 이슈가 직원 한 명의 '목숨'이다. 정 팀장과 같은 회사에서 월급을 받는 동료의 문제였다. 그러나 정 팀장은 회사의 공식 대변인으로서 회사 입장의 중심에 서야 한다. 예상 질의응답에 따라 가능한 논점을 정리하고 회사의 메시지를 구성했다. 그리고 사장에게 컨펌을 받으러 사장실로 갔다.

사장이 그 예상 질의응답을 보고 말했다.

"정 팀장, 이런 게 왜 기삿거리가 되지? 이건 엄연히 사내 문제 아니야? 직원이 아프고, 산재와 관련해서 논란이 있고, 이게 무슨 뉴스가 되느냐고. 하여간 기자들이란…."

정 팀장은 고개를 숙이면서 결재를 원한다는 포즈를 취할 뿐이다. 사장을 이해시키거나 설득하기에는 시간이 너무 없다.

공장장을 인터뷰하기로 한 지역 언론에게 전화를 걸어 공장장 대신 정 팀장이 직접 전화 인터뷰에 임했다. 일단 공장장이 사전에 그 기자에게 전화를 걸어 회사의 규정에 따라 본사 홍보 팀장이 인터뷰하게 되었다고 양해를 구해 놓았다. 공장장은 나중에 인터뷰가 끝나면 하루 날 잡아서 둘이서 그냥 소주 한잔하자 했단다.

지역지 기자가 질문을 했다.

"직원 공 씨 측에서 주장하기로 공장의 생산 환경이 엄청나게 열악하고 환기 시설도 부족해서 폐암이 발생했다고 주장하는데 이에 대한 회사의 공식 입장은 무엇입니까?"

정 팀장이 답변한다.

"네, 먼저 저희 직원 공 씨와 그 가족분들에게 심심한 위로의 말씀을 드리고 싶습니다. 항상 직원들의 건강과 복지 향상을 위해 노력하고 있지만, 그 노력이 완전하지 않았던 것이 아닌가 현재 회사 내적으로 그 원인을 조사 중입니다. 현재 공 씨의 폐암 발병 원인 또한 전문가들과 함께 다각적으로 조사 중입니다. 예견된 정부 조사에도 성실히 임할 예정입니다. 원인이 밝혀지는 대로 그에 따른 적절한 조치를 강구하도록 하겠습니다."

"그러면 회사에서 책임을 통감한다는 말씀이시죠?"

"저희가 말씀드릴 수 있는 부분은 가능한 빠른 시간 내에 공 씨의 발병 원인을 규명하겠다는 것과 그에 따른 후속 조치도 적극적으로 강구하겠다는 것입니다."

기자기 짜증나는 말투로 나시 물었다.

"아니, 그러니까… 공 씨 가족들의 주장에 동의하시느냐 안 하시느냐는 거예요. 공 씨가 폐암에 걸린 원인이 공장의 생산 환경 때문이냐 아니냐 한마디만 해 달라는 거죠."

정 팀장이 또 진지한 목소리로 답했다.

"원인이 밝혀지는 대로 회사 측에서 필요한 적극적인 조치를 취할 예정이라는 부분이 말씀드릴 수 있는 전부입니다."

기자가 소리쳤나.

"아니, 정말. 말장난하시나? 그러니까 회사 측에서는 조사가 끝날 때까지는 나 몰라라 하겠다는 거죠? 그렇게 받아들여도 되죠?"

정 팀장은 다시 한 번 답변했다.

"그렇지는 않습니다. 공 씨와 그 가족에게 회사와 동료 직원들은 최대한 관심과 위로를 전달하고 있습니다. 그 가족의 안정과 고통 분담을 위해서도 회사와 직원들이 합심해서 지원할 예정입니다."

기자는 전화를 끊으면서 혼잣말처럼 중얼거린다.

"에이, 정말 답이 안 나오네. 답이."

정 팀장도 전화를 끊고 혼자 중얼거린다.

"미안합니다. 제가 드릴 말씀이 그것뿐이라서요."

정 팀장은 내일 오전에 그 직원이 입원해 있다는 지방 병원에 문병을 갈 예정이다. 가서 그 직원 가족들도 만나 보고 그들의 이야기도 들어 볼 예정이다. 피해를 주장하는 그들의 이야기를 좀 더 들어 봐야 회사의 메시지도 더욱 전략적으로 개발되리라 믿기 때문이다. 회사 측만 대변하는 사람으로 낙인이 찍혀 멱살잡이를 당할지라도 문병은 한번 가야 한다. 같은 동료로서도 말이다.

tip box

회사로부터 피해를 입었다고 주장하는 직원이나 회사 문제를 공격하는 노조는 쳐부수어야 하는 상대가 아니라 함께 문제를 풀어야 하는 대상이다. 그러나 실제 많은 기업이 해당 직원이나 노조의 주장을 '적의 주장'으로 간주하고 회사 차원에서 반박하고 반격을 꾀한다. 그러면 문제가 풀릴 여지가 없다. 이 과정에서 회사 경영진과 담당 실무진의 개인적인 감정도 기인한다는 점을 부정할 수 없다.

수많은 위기관리 성공 케이스를 볼 때, 내부적으로나 외부적으로 그들의 주장과 피해 사실에 대해 심리적으로 공감하고 함께 확인하며 규명하는 성실한 자세가 가장 유효한 전략이었다. 공개적인 상호 난타전보다 인간적인 '마주 앉음'과 대화하려는 노력이 핵심이었다.

소셜 미디어 위기관리

　요즘 정 팀장에게는 골치 아픈 이슈가 있다. 몇 년 전만 해도 들어 보지 못했던 블로그라는 게 문제다. 정 팀장네 회사에 악의를 가지고 블로깅을 하는 몇몇 블로거가 회사를 괴롭히기 때문이다. 게다가 최근에는 트위터에서까지 그 악성 글이 나돌기 시작했다.
　블로그, 트위터. 일단 이게 뭔지 알아야 사장에게 보고도 하고, 대응 방안도 마련할 텐데 고민이 이만저만이 아니다. 아래 과장이나 대리급 직원들에게 물어 보니 다들 "말씀드려도 이해하기 어려울 텐데요."라는 반응이다.
　내일모레 오십 줄에 들어서는 정 팀장은 새로운 다른 무언가를 배우는 일은 용기가 나지 않는다. 특히 블로그나 트위터 같은 것은 가뜩이나 컴맹 취급을 받는 정 팀장으로서 가까이할 엄두도 나지 않았다.

출입 기자들이야 이제 안면이 있으니 그럭저럭 이야기가 통하지만, 이 블로거라는 사람들은 대체 어떻게 이야기를 풀어 나가야 할지 모르겠다. 일반 기자들처럼 한번 만나자고 해서 접대를 해 볼까 생각도 해 보았지만, 어디에 사는 어떤 사람인지도 모르는 일반인을 회사 측에서 접대하는 것도 모양새가 좋지 않았다.

사장이나 다른 임원들은 항상 정 팀장에게 이렇게 말했다.

"언론사 취재에 대응하는 것이 우리 홍보팀의 존재 이유라고 봅니다. 부정적인 기사나 보도는 어떤 방법과 절차를 동원해서라도 막아야 해요. 그래야 홍보팀이 제 역할을 하는 겁니다."

이런 이야기를 들을 때마다 정 팀장은 한숨이 나온다.

인맥이 없어서라거나 일을 하기 싫어서가 아니다. 사실 회사에서 발생하는 거의 모든 위기는 다른 부서의 문제나 실수 때문인 경우가 대부분이다. 생산 부서에서 품질 관리를 잘못하거나, 고객만족 부서가 고객 불만을 제대로 처리하지 않거나, 보통 영업부서에서 고객 불만 처리에 소극적으로 대응하면서 위기가 발생한다.

최근 불만 소비자들을 보면 친척이나 친구들 중에 언론사 기자 한두 명 없는 사람들이 없다. 또 회사에 고객의 불만을 접수함과 동시에 자신의 블로그와 트위터로 불만 정보를 세상에 알린다. 정 팀장은 이 전선의 맨 앞에 내쳐진 기분이다. 해당 이슈에 관심 갖지 못하게 기자들의 눈과 귀를 막는 작전도 펴야 하고, 몇 명인지 가늠할 수도 없는 블로거들과 트위터 사용자도 막아야 한다.

그런 모든 활동이 실제로 가능할지 안 할지는 아무도 생각해 주지 않는다. 조직에서 홍보팀이 아니면 그 일을 할 부서가 없다고 생각한다는 것이 전부다. 언론이나 미디어 환경이 어떻게 변해 가건 모든 것은 홍보팀의 몫이고 책임이다. 그래서 정 팀장은 고민이 점점 많아졌다.

그러던 중 부사장이 정 팀장을 호출했다. 부사장의 아들이 아버지에게 이메일을 했는데 안티 블로거의 포스팅을 링크해 보내 주고 참고하라고 했단다. 평소에는 블로그에 '블' 자도 모르던 부사장이 버럭 호통을 친다.

"아니 홍보팀 사람들은 뭐하는 겁니까? 이런 미친놈 하나도 관리를 못 해요? 이런 글이 여기저기 옮겨 다니면 누가 책임질 겁니까? 무슨 수를 써서라도 이 글 끌어 내리세요."

정 팀장은 그 포스팅을 읽어 보았다. 상당히 악의적인 글임에는 틀림없었다. 하지만 내용 중 사실과 다른 부분은 거의 없었다. 소비자의 관점에서 그렇게 볼 수도 있겠다 싶었다. 문제는 회사에서 해당 포스팅을 끌어 내리라고 한다는 데 있다. 어떻게 끌어 내릴 수 있을까?

법무 팀장에게 전화로 이 일에 관해 문의했더니 법무 팀장은 이렇게 답했다.

"일단 명예훼손으로 일정 기간 블라인드 처리할 수는 있어요. 그런데 그래 봤자 다른 블로거들이 이미 글을 다 퍼 날랐고, 트위터에서도 계속 퍼지고 있으니 한두 개 블라인드 처리해서 될 일은 아닌 것 같습니다."

즉, 법무팀 의견의 핵심은 법무 쪽에서도 골치 아프니 홍보팀에서 알아서 하는 게 낫다는 것이다.

정 팀장은 아래 과정을 통해 해당 블로거와 접촉해 보라고 했다.

"연락해서 뭐라고 할까요? 만나자고 제안하나요?"

접촉하라고는 했지만 정 팀장은 결심이 서질 않았다. 막상 만나서 제시할 것도 없고 사정한다고 들어 줄 것 같지도 않았다. 정 팀장은 한숨을 쉬면서 과장에게 지시했다.

"일단 만나 봐. 얼굴이라도 보고 와."

정 팀장은 그 블로그 포스팅에 달린 댓글들을 하나하나 읽어 보았다. 댓글은 계속 늘어나고 있었다. 아래 대리 한 명이 자신의 트위터 어플 화면을 띄워 주었다. 가만히 들여다보니 여기저기 그 포스팅 이야기가 떠돌아다녔다. 이를 어쩌나. 전선이 계속 확장되는 꼴이다.

평소 알고 지내는 위기관리 컨설턴트에게 전화를 걸었다.

"정 팀장님, 회사를 위해서 기업 소셜 미디어 활동을 평소 좀 해 놓으실 필요가 있습니다. 현재 회사의 공식 메시지가 있더라도 그것을 전달하거나 확산할 소셜 미디어 툴이 없잖습니까? 평소 그런 소셜 미디어 자산들을 구축해 놓으시는 것이 바람직합니다."

무슨 말인지 이해가 안 간다. 평소에 잘하라는 뜻?

사장실에서 호출이 온다. 사장이 단단히 화가 났단다. 소셜 미디어는 또 뭔가? 사장에게 보고하기 위해 잠깐 메모해 가지고 올라갔다. 하지만 이것을 어떻게 관리하고, 블로거들의 취재를 어떻게 막아 내야 하는지 해결책이 없다는 것이 문제였다. 사장에게 죽지 않을 만큼만 욕먹었을 뿐이다. 사장이나 정 팀장이나 이해하기 힘든 적과 싸우는 것은 매한가지다.

tip box

사실 순수하게 소셜 미디어 속에서만 발생되는 이슈나 위기는 그렇게 많지 않다. 대부분의 소셜 미디어 위기는 오프라인 위기와 사전과 시후로 연결되어 있다. 오프라인에서 어떤 문제가 대두되니까 소셜 미디어에서 반기업 여론이 발생하고 그것이 위협을 준다. 또한 소셜 미디어상에서 대두된 극단적인 여론이나 해프닝은 곧 오프라인에서 회자되고 사회 이슈화된다.

일부 실무자는 오프라인상의 위기관리 시스템 따로, 소셜상의 위기관리 시스템 따로라고 생각한다. 위기관리 현장에서는 그런 식으로 따로 존재해서는 안 된다. 소셜상에서 제대로 된 위기관리를 위해서는 기존 오프라인 중심의 위기관리 시스템이 정확하게 수립되어 있어야 한다. 그 이후에 세부적인 소셜 위기관리 가이드라인과 R&R 그리고 대응 프로세스들이 수립되어 기존 위기관리 시스템에 연결되어야 한다.

이를 기반으로 전사적인 위기대응 시뮬레이션을 해 보고, 오프라인과 온라인을 통합한 위기관리 경험을 CEO를 비롯한 모든 위기관리 위원회(또는 비상대책팀) 구성원이 경험해 보는 것이 필요하다. 분리해서 생각하거나, 분리해서 일선 담당자에게 일임하는 식은 곤란하다.

한진해운의 소말리아 해적 납치 저지

매뉴얼에 충실한 한진텐진호 위기대응

2011년 4월 21일 새벽. 한진해운 최은영 회장은 한진텐진호가 해적의 공격으로 일촉즉발의 상황에 몰렸다는 보고를 받고 공항으로 향하던 차를 돌려세웠다. 이날 최 회장은 경남 거제 삼성중공업에서 열릴 예정이었던 1만 TEU급 컨테이너선 한진차이나 명명식장에 가기 위해 김포공항으로 향하던 길이었다.

이날 오전 5시 15분경 한진텐진호가 비상 신호를 보낸 후 연락이 두절되자 한진해운은 최 회장이 참석한 가운데 오전 7시 50분 김영민 사장 주도로 서울과 부산의 비상상황실에 비상대책본부를 꾸렸다. 불과 2시간 35분 만이었다. 이윽고 해양경찰청과 관련 업계 등의 소스로 소말리아 해역에서 한진해운 소속 텐진호가 납치된 것으로 추정된다는 속보가 뜨기 시작했다.

최 회장은 곧바로 비상상황실에 들러 자세한 보고를 받은 뒤 매뉴얼에 따라 상황을 처리해야 한다는 점을 거듭 강조했다. 상황실에서 최 회장은 본사 부장급 직원 두 명을 국토해양부와 외교통상부로 보내 상황에 협조하라고 지시했다. 선박 상황에 대해서는 해운사가 가장 잘 알기 때문에 정부와 한진해운의 공조가 무엇보다 중요하다는 판단에서였다. 해당 선박에 탑승한 선원들의 가족에게도 사실을 공유하고 회사 측의 대응 노력들을 설명하면서 이해를 구했다.

동시에 한진해운 소속 선박과 선원 관리를 하는 자회사인 부산의 한진해운 해사그룹인 한진SM에도 비상상황실을 설치해 화상회의로 정보를 공유토록 했다. 부산 한진해운 해사그룹은 한진해운이 운항하는 전 노선을 통제·관리하는 조직으로 한진텐진호에 교신을 보내는 등 인도양 현지 상황을 파악하는 역할을 실행했다.

서울과 부산 비상대책본부는 지속적으로 화성회의를 통해 정보를 주고받으며 직원들이 동요하지 않고 차분히 업무에 임하도록 조치했다. 최 회장은 상황실 임직원들에게 '선원들의 안전을 최우선으로 모든 상황을 처리해야 한다.'는 점을 강조했다. 김밥과 샌드위치, 커피를 사 오게 해 상황실 직원들과 함께 점심과 저녁 끼니를 해결하면서 상황을 예의주시했다. 그 시각 한진텐진호 선원들도 만일의 사태에 발생할 수 있는 인명 피해를 최소화하기 위해 시타델(Citadel·선상의 긴급피난처)로 몸을 숨겼다.

아덴만 해역에서 소말리아 해적의 공격을 받은 한진텐진호 선원 스무 명은 신속하게 선원피난처(시타델)에 대피해 14시간여 만에 청해부대에 의해 무사히 구출됐다. 그날 저녁, 한진텐진호에 승선한 선원 전원이 무사하다는 소식이 전해지자 서울 여의도 한진해운 본사에서 동료의 무사귀환을 염원했던 직원들이 일제히 환호했다.

비상상황실의 실장은 김영민 사장이었지만 최 회장은 이날 오후 9시 선원들이 모두 무사하다는 정부의 공식 발표가 있기까지 상황실을 단 한 번도 떠나지 않았다.

핵심 전략

이해관계자들과 소통한 한진해운의 위기대응

1. 한진텐진호 케이스에서 한진해운이 보여 준 가장 차별화되는 시스템은 한진해운이 발전시킨 비상상황실 및 비상대책본부의 역량이다. 한진해운은 한진텐진호 사건이 발생하기 이전부터 정기적으로 꾸준하게 이 '비상상황실'을 운용하는 위기관리 시뮬레이션을 실시해 왔기 때문에 이 비상상황실을 운용하는 비상대책본부 임원들과 팀장급들의 위기관리 실행 역량은 업계 최고 수준에 이르러 있었다.

2. 한진해운은 일반 기업 수준을 훨씬 뛰어 넘는 비상상황실 시스템인 위기통제센터 War room 을 이용했다. 이 시스템은 한진해운의 비상상황실은 서울 본사와 부산의 해사그룹은 물론 사고가 발생한 최인근 지역의 한진해운 현장 지휘센터를 화상으로 연결해 본사 최고경영진의 위기관리 실행 지시를 실시간으로 공유하게 발전돼 있었다.

3. 한진해운은 선박 사고와 관련한 많은 내외부 이해관계자들에 대한 관리 시스템도 고안했다. 이를 기반으로 혼란스러운 위기 상황에서도 한진해운은 선박 사고와 관련한 주요 이해관계자인 선원 가족, 직원, 거래처, 외교통상부, 국토해양부, 해양경찰청, 국방부 및 합참 등과 촘촘한 커뮤니케이션 채널을 구축해 운용할 수 있었다.

4. 한진해운은 선박에 승선하는 직원들을 대상으로 하는 일선에서의 매뉴얼 교육과 위기관리 훈련 수준도 경쟁력을 가지고 있었다. 알려진 대로 결정적으로 한진텐진호 피랍을 막아 준 것은 긴급피난처 시타델이었다. 박상운 선장과 선원들은 해적의 공격을 받자 매뉴얼에 따라 평소 훈련한 대로 버튼을 눌러 위험신호SSAS를 발신하고 엔진을 끈 뒤 전원 긴급피난처로 대피했다. 해적들은 두께 13밀리미터 이상의 강철로 된 긴급피난처의 두꺼운 철제문을 뚫지 못했다.

  5. 위기 발생 즉시 사내외적으로 직원들에게 위기관리 리더십을 보여 준 최은영 회장과 평소 위기관리 시뮬레이션에 직접 참여하면서 전사적 위기관리 실행 역량을 꾸준히 리드해 온 김영민 사장의 리더십 협업 또한 다른 기업과 차별화될 수 있는 시스템 측면이다. 또한 한진해운은 대인돈 위기관리 커뮤니케이션에 있어 수십 년간 전문성을 보유하고 있는 홍보전무를 회사 대변인으로 적극 활용해 대외적으로 안정적인 커뮤니케이션 매니지먼트를 유지할 수 있었다.

리콜 커뮤니케이션의 핵심 요령

재무 지식을 갖추라

M&A는 침묵하라

노코멘트 전략

모두가 대변인이 되라

포토라인에 선 CEO

고객 정보 유출은 전사적 위기

소셜 위기는 가이드라인에 따라 대응

다양한 위기관리 노하우를 터득하라

3

사내 모든 부서들과 외부 컨설턴트들에게
해당 위기와 관련된 전문적 노하우들을 빌리는 데 익숙해지자.
이와 동시에 각 부서 핵심 인력들을 대변인화해 활용하자. 제대로만 트레이닝을
해 놓는다면 그들이 곧 위기관리 노하우이자 자산이 된다.

리콜 커뮤니케이션의 핵심 요령

새벽 출근길에 휴대전화가 울렸다. 기자였다.

"정 팀장, 나보라인데요. 지금 잠깐 통화 가능해요?"

"네, 나 기자님, 무슨 일이신가요?"

"예, 정 팀장. 방금 전에 외신에서 기사가 하나 떴는데. 정 팀장네 회사에서 나오는 '빛나라'라는 제품 있죠? 그게 미국에서 리콜된다던데, 국내에서도 리콜 예정인가요?"

"네? 리콜이요?"

정 팀장은 올 것이 왔구나 싶었다. 지난번에 사내연구기관에서 유해물질이 검출되어, 일부 지역에서 브랜드를 접겠다는 내부 통보를 받았던 그 제품이다.

정 팀장은 일단 내부 입장을 정리해서 빨리 알려 드리겠다고 하고 회사로 들어왔다. 임원 회의실에 불이 환하다. 모든 관련 임원들이 미국 지사와 컨퍼런스 콜을 하고 있는 모양이었다. 다들 얼굴이 붉어져 있는 게 그 제품 리콜에 대한 회의 중인 것이 틀림없었다.

정 팀장은 비서에게 양해를 구하고 회의실로 들어갔다. 사장이 상기된 얼굴로 물었다.

"왜요, 정 팀장? 무슨 일이야? 언론에 떴나?"

정 팀장은 고개를 끄덕였다.

"사장님, 빨리 저희의 입장을 정리해야 합니다. 국내도 리콜을 할 것인지 결정된 사항을 알려 달라고 하고 있습니다."

사장이 단호하게 이야기한다.

"리콜해야지. 리콜한다고 하세요."

"결정된 자세한 사항을 주시면 저희가 메시지를 만들겠습니다."

사장은 정신없다는 듯이 기획 부사장을 바라보며 말한다.

"기획 부사장, 홍보팀에 자료 좀 정리해 줘요."

정 팀장이 기획부에게 받은 자료를 보니 참담하다. 이미 정부 기관에서 조사 협조를 요청해 왔고, 리콜하지 않을 수 없는 상황이었다. 전 세계적인 리콜로 한국도 예외가 될 수 없었다. 언론에서 판단하기에 따라 정 팀장 회사가 이미 그 유해 제품의 사실을 알고도 시간을 보내고 있었다는 추측도 가능할 것이다. 이는 곧 소송 주제가 된다.

정 팀장이 홍보팀 전원을 불러 놓고 이야기를 한다.

"일단 리콜 결정을 확실하게 커뮤니케이션 해야겠어. 그리고 만에 하나라도 우리가 그 사실을 알고도 쉬쉬했다는 느낌을 주지 않도록 하자. 우리는 이 사실을 오늘 새벽에야 미국 정부 및 지사로부터 통보를 받았고 미국 정부의 결정에 따라 리콜을 발표, 진행하고 있다고 선을 명확하게 긋자."

홍보 팀원들은 마치 전장에 나가는 비장한 표정들이다.

아까 그 기자에게 정 팀장이 전화를 했다. 아까 홍보 팀원들과 공유했던 정보를 정확하게 전달했다. 한 시간 내로 공식 보도자료가 나갈 것이라고 말했다. 그러자 그 기자가 묻는다.

"정 팀장님, 이 이슈는 참 중대한 건이에요. 유해 물질은 사람을 죽일 수도 있다는 말입니다. 이런 위험한 유해 물질이 제품에 들어 있었는데도 몰랐다는 것이 말이 됩니까? 어느 정도 감은 잡고 있었던 거죠? 그렇죠?"

정 팀장은 단호하게 설명했다.

"아닙니다. 저희는 소비자들의 건강을 가장 우선으로 여기고 있어요. 이번 사례는 저희 회사 설립 후 처음 있는 아주 예기치 못했던 일입니다. 그래서 저희도 상당히 죄송하게 생각하고 있습니다."

일단 기자가 전화를 끊었다. 정 팀장은 마음이 아팠다. 속과 말이 다른 경우가 가장 싫었다. 양심을 자꾸 제약하는 회사가 때로는 밉다. 그렇지만 어쩌랴. 조직의 공식 입장이라는 게 있는 것인데.

홍보팀 책상들에서 전화가 울려대기 시작한다. 다른 기자가 또 전화를 걸어왔다.

"정 팀장님, 회사에서 이미 알고 있었구먼, 뭐. 한 2주 전에 알았다

그러던데. 그것 때문에 회의도 했다 그러고. 그렇죠? 그때 알고서도 리콜 안 한 거죠? 그렇죠?"

정 팀장은 일단 부정해야만 했다.

"말도 안 되는 소립니다. 그 이슈에 대해서 오늘 새벽 지사 보고를 통해 알았습니다. 고 기자님, 제일 중요한 이슈는 가능한 한 이 제품의 리콜을 빨리 그리고 완벽하게 실행하는 것입니다. 도와주시지요."

전화벨이 울리고 여기저기서 거의 말다툼 수준의 해명이 이어졌다. 각종 인터넷 매체에서도 사정없이 많은 전화가 울려 댔다. 인터넷 매체를 담당하는 신 대리는 당당한 여장부인데도 벌써 스트레스를 받아서 눈가가 벌겋다.

조 과장이 저 멀리서 소리쳤다.

"팀장님, D 방송에서 취재 나온다는데, 팀장님이 인터뷰하셔야 하나요? 누가 인터뷰할지 빨리 알려 달라네요."

정 팀장은 눈을 지그시 감고 고개를 끄덕인다. 사장에게 보고할 기력도 없다. 매번 빤하니 정 팀장이 그냥 나서서 하겠다고 했다. 그 밖에도 두세 개의 TV 인터뷰가 추가됐다. 평소에 이렇게 TV 인터뷰가 어레인지된다면 얼마나 좋아…. 이젠 거의 체념했다.

전쟁 같은 오후가 지나고 인터넷에 속속 기사가 떴다. 아직까지 단순 리콜만 기사화되었는데, 몇 군데 매체에서 '리콜 알고도 쉬쉬' '2주 전에 알았다. 경악' 등의 자극적인 헤드라인이 뜨기 시작했다. 반사적으로 관련 기자들에게 전화를 걸어 해명하고 헤드라도 바꿔 달라 애원했지만 시간만 계속 갔다.

마케팅 부사장이 정 팀장에게 다가와 일 끝나고 한잔하자고 했다. 여러 가지 할 말이 많단다. 정 팀장은 오늘은 어렵겠다고 답했다. 하지만 부사장은 몇 시간이라도 좋으니 조인하라는 투였다.

"알겠습니다."

마지못해 정 팀장은 약속했다.

열두 시. 팀원들과 내일 보고할 문건들을 만들고, 일부 기사들을 번역하고, 파일을 만들고 서둘러 퇴근했다. 모두들 집에서 한두 시간 정도 자고 다시 출근해야 했다. 집에 가는 길에 팀원들은 포장마차에서 우동 한 그릇씩 하겠다고 했고, 정 팀장은 마케팅 부사장이 있는 바로 들어갔다. 이미 많이들 취해 있었다.

"어… 정 팀장. 고생했지. 한잔해. 사람이 사는 게 다 그런 거 아니야? 회사가 있고 내가 있는 거지, 뭐. 내가 있고 회사가 있는 건가… 끄윽."

정 팀장은 가볍게 폭탄주를 한 잔 마신다.

"부사장님, 저는 이 생활하면서 거짓말하면 안 된다고 배웠습니다. 그런데 오늘은 어쩔 수 없이 거짓말을 했네요. 그것도 우리 소비자들에게 칼을 겨누는 거짓말 말입니다. 그래서 가슴이 아픕니다."

마케팅 부사장이 정 팀장을 쳐다보면서 한마디 했다.

"그래서 내가 2주 전에 접자고 했어. 사장에게 우리가 나서 해결을 하자고 했지만, 안 된다고 하는 걸 어떻게 해. 누구라고 그러고 싶었겠어? 나도 가슴이 아파."

정 팀장은 술에 취해 혼자 천천히 뇌까린다.

"이 세상에 비밀이 어디 있습니까? 비밀을 믿는 사람들이 바보인 거죠. 지금의 비밀이 영원하리라 생각하는 게 틀린 거죠. 그보다도… 그런 엄청난 비밀을 감추려고 하는 우리가 나쁜 거죠…."
천천히 바 실내의 노란 조명등이 돌아가고 있었다.

> **tip box**
>
> 기업이 제품에 대한 리콜을 발표할 수는 있다. 어떤 기업은 대대적으로 광고와 홍보 기능 그리고 소비자 커뮤니케이션 기능 등을 통해 오픈 커뮤니케이션을 한다. 반면 어떤 기업은 법적으로 정해진 최소한의 커뮤니케이션으로 소비자들의 반향을 최소화해 보려고 노력한다. 어떤 기업은 소비자의 안전과 품질 제일주의를 내세우면서 적극적으로 설명하고 이해를 구하며 리콜을 실행한다. 어떤 기업은 사무적으로 딱딱하게 리콜을 명령한다.
>
> 모든 전략과 포지션은 각 사의 필요성에 의해 결정된 것이라 뭐라 할 말은 없다. 하지만 공통적으로 이 모든 리콜 커뮤니케이션 프로세스에서 가장 중요한 핵심은 정보를 통제하는 것이다. 소비자를 통제하라는 말이 아니다. 리콜과 관련된 정보를 정확하게 확인하고 내부적으로나 외부적으로 필요한 정보만을 정확하게 관리 통제하는 것이 모든 사례에서 가장 중요하다.

리콜 커뮤니케이션 정보 확인 및 통제 체크 리스트

- 최초 소비자 컴플레인이 발생한 시점은 언제인가?
- 일련의 소비자 컴플레인이 접수된 이후 회사가 취한 대응이나 개선책은 무엇이었나?
- 소비자 컴플레인의 총량은 얼마 정도인가?
- 해당 소비자 컴플레인과 관련된 정부 규제 기관과 법령은 어떤 것이 있는가?
- 불만을 가진 소비자들이 어떤 태도와 활동을 보이고 있는가?
- 그들은 어떤 질문과 주장을 하고 있는가?
- A/S기사나 기타 소비자 접점에서는 어떤 활동을 했으며, 어떤 메시지를 전달했는가?
- 그 과정에서 기업 커뮤니케이션팀이나 위기관리 매니저와 활동사항들에 대해 공유 및 협의했는가?
- 리콜을 하는 직접적인 원인과 이유는 무엇인가?
- 리콜과 관련된 예산은 어느 정도이고, 손해액은 얼마 정도인가?
- 모든 정보들이 제3자 검증에 안전한가? 안전하지 않은 정보는 무엇이고, 안전한 정보는 무엇인가?
- 해당 리콜 원인이 소비자에게 어떤 피해를 입힐 수 있는가?
- 해당 리콜 원인이 소비자에게 유해한가? 무해한가? 주장의 기술적, 과학적, 논리적 근거를 가지고 있는가?
- 리콜 프로그램의 자세한 내용은 무엇인가?
- 리콜 프로그램을 어떻게 커뮤니케이션 할 것인가? 어떤 미디어를 사용할 것인가?
- 리콜 프로그램과 관련한 주요 이해관계자들은 누구이며, 어떤

태도를 취할 것으로 예상되는가?
- 각각의 이해관계자들을 리콜 선언 이후 어떻게 관리할 것인가?
- 각각의 이해관계자들과 커뮤니케이션 할 대변인은 누구로 정하며, 어떻게 트레이닝을 할 것인가?
- 리콜 프로그램에 대해 커뮤니케이션 시스템 구성원들을 어떻게 트레이닝 해 어떤 모양의 체계를 갖출 것인가?
- 리콜 커뮤니케이션에 어떤 메시지들을 활용할 것인가?
- 리콜 커뮤니케이션에 Do's와 Don'ts를 어떻게 규정할 것인가?
- 리콜 프로그램과 커뮤니케이션의 종료 기준은 무엇인가?
- 리콜 프로그램의 평가 기준은 무엇인가?
- 이런 사항들을 로펌과 위기관리 커뮤니케이션 펌, 관련 기술 전문가, 의학 전문가. 독성 전문가 등등의 크로스 체킹을 했는가?
- 충분히 검토하고 또 검토했는가?

재무 지식을
갖추라

　정 팀장은 요즘 안팎으로 부쩍 스트레스를 받고 있다. 같은 대학을 나와 비슷하게 공부하고 같이 놀던 대학 동기는 외국계 회사의 임원이 된 지 오래였다. 정 팀장은 승진이 더딘 이유가 홍보 쪽으로 발을 잘못 들였기 때문이라는 생각도 들었다.

　홍보 에이전시 사장들이나 임원들을 봐도 대부분 정 팀장보다 나이가 대여섯 살 이상은 어린데, 사장이나 부사장 직함을 달고 있다. 타고 다니는 차를 보든, 입고 다니는 옷이나 이야기하는 관심사로 보든 인하우스 월급쟁이에 중간관리자인 정 팀장과는 수준이 다르다는 느낌을 부쩍 받는다.

　"내년에는 꼭 임원이 돼야지. 이번에 밀리거나 실패하면 미래가 없어."

정 팀장은 연말을 맞으면서 굳게 결심했다. 새해에는 늦었지만 영어공부도 열심히 하고, 경영학 공부도 더 해 볼 생각이었다. 기자들과의 술자리는 조금 줄이든지 조 과장에게 이양하든지 해서 임원 승진 준비에 더 힘쓰겠다고 다짐했다. 문제는 자주 터지는 위기 상황이다. 적절하게 잘 관리하지 못하면 점점 승진 대상에서 밀리는 것 같기에 더욱 위기관리 활동이 절실하다. 승진에서 밀리는 사람들을 보면 남의 일 같지 않다는 느낌이 든 지도 오래다.

이런저런 생각을 하면서 새로 산 내년 플래너를 들여다보고 있는데 휴대전화가 울렸다.

"정 팀장, 뭐해?"

추적경제 기자였다.

"어이구, 이 이른 아침에 무슨 일이십니까? 어디세요? 요즘엔 우리 기자실도 자주 안 들르시고… 어디 또 바람이 나셨어?"

"응, 여기 안전그룹 기자실이야. 얼마 전부터 이쪽에 있어. 그건 그렇고. 자기네 회사 유상감자 한다던데, 그거 좀 알아?"

"뭐요? 유상감자? 어디서 그래요?"

"아니, 아는 정보원이 지나가는 말로 그러던데, 자기네 유상감자 크게 한다더라고. 해외에서 돈이 필요한가? 그 유상감자 규모가 얼마나 되는지 정 팀장이 혹시 아나 해서 말이야."

"그런 얘기는 들리지 않던데, 우리 재무 쪽에다가 물어보고 확실한 내용을 알려줄게요. 시장 루머일 수도 있으니 말이에요."

전화를 끊었다. 정 팀장은 진땀이 났다. 유상감자? 유상감자가 무슨 말이야. 무상감자는 어디서 들어본 것 같은데… 이거 원, 내가 재무 지식이 있어야지. 정 팀장은 평소 주식투자라도 해 볼 걸 하면서 재무팀 사무실로 뛰어갔다.

재무팀 사무실에 앉아 있는 재무 부사장이 눈에 들어왔다.

"부사장님, 잠깐만 말씀 좀 나눌 수 있을까요?"

"어, 그래"

재무 부사장실에서 마주 앉았나.

"부사장님, 저희 회사에서 유상감자를 하나요?"

부사장이 아무렇지 않은 듯 말한다.

"그거 어디서 들었어? 빠르네."

"기자가 문의를 해와서요. 유상감자에 대해 제가 아는 바도 없고, 또 유상감자라는 말 자체도 사실 저는 이해가 안 돼서요."

재무 부사장이 웃으면서 이야기한다.

"자네는 몰라도 돼. 기자도 뭐 그런 걸 알려고 하나, 우리가 상장사도 아니고 말이야. 그런 거 신경 쓰지 말라고 해."

정 팀장이 웃으면서 답한다.

"부사장님, 그래도 문의가 왔으니까, 제게 설명해 주시면 공식 메시지를 전달하겠습니다."

부사장은 귀찮다는 듯 사무실 화이트보드를 쓱쓱 지우고 그 위에 영어 단어와 플로차트를 마구 그려 댔다.

"일단 상법에 의하면 말이지, 기업은 일단 납입되어 확정된 자본은 감소시킬 수 없는 것이 원칙이야. 특별한 경우에는 예외적으로 자본의 감소를 행할 수 있는데, 이를 감자減資라 하지. 근데 국내 상법에서는 자본금의 감소를 원칙적으로 금지시키되, 예외적인 자본금 감소를 할 때는 정관변경의 특별결의를 거치게 하는 등 엄격한 제한을 가하고 있어. 이 중 감자는 유상감자와 무상감자로 구분할 수 있는데, 유상감자는 감소된 주금액을 주주에게 환급해 주는 실질상의 감자고, 무상감자는 주 금액을 주주에게 반환하지 않고 주주의 손실부담하에 행하는 감자지."

정 팀장은 처음에는 열심히 받아 적었지만 이내 포기한 채 재무 부사장의 강의를 듣기만 했다. 점점 더 암울해졌다. 정 팀장이 우선 무슨 말인지를 백 퍼센트 이해해야 기자들에게 설명을 할 것 아닌가. 그러나 듣고는 있지만 무슨 말인지 솔직히 십 퍼센트도 알아듣지 못했다.

정 팀장은 결국 중간에 재무 부사장의 설명을 끊을 수밖에 없었다.

"부사장님, 죄송한데요. 제가 이해를 잘 못 하겠는데요. 쉬운 말로 제가 묻고 싶은 건 왜 그 유상감자라는 것이 부정적인 의미인가요?"

부사장이 답했다.

"외국에서는 뭐 흔한 일인데 우리나라에서는 조금 색안경을 쓰고 들 보지."

"아… 네, 그럼 유상감자라는 것을 하면 회사 가치가 떨어지는 건가요? 어떤 부분이 여론의 공격을 받는 거지요?"

"그건 감자니까, 자본을 감소시키는 것이니까 그런 거지. 하지만 우리는 달라, 왜냐하면…."

정 팀장은 결국 이해하기를 포기했다. 도저히 기자들의 입체적인 질문에 답변할 자신이 없었다. 홍보 생활 이십 년 가까이 해 오면서 이렇게 기자들의 응대에 자신이 없어진 것은 처음이었다. 정 팀장은 부사장에게 제안을 했다.

"그러면요 부사장님, 죄송하지만 기자들의 질문에 부사장님께서 답변해 주시는 건 어떨까요? 제가 그 옆에 있겠습니다. 기자들의 전화를 부사장님께 돌릴 테니 그 유상감자 부분에 대해서 부사장님께서 답변을 해 주세요. 부탁드립니다."

부사장은 바쁘다는 이유로 투덜거렸지만 어쩔 수 없는 일이었다. 그 경제지 기자에게 전화를 걸어 재무 부사장과 통화하게 했다. 그 후로 해외투자건과 관련해 블룸버그와 로이터, 다우존스 등의 외국계 언론들로부터 문의가 빗발쳤다. 정 팀장은 야, 이게 큰 이슈긴 이슈구나 하고 옆에 앉아 감을 잡을 뿐이었다.

재무 부사장이 지치도록 답변하는 것을 옆에서 지켜보면서, 정 팀장은 그가 예로 드는 여러 가지 사례와 수치를 받아 적으면서 공부했다. 하지만 자신 없었다. 임원이 되기는 아직 먼 듯하다는 느낌이 갑자기 머리를 스친다. 제기랄, 늦깎이로 재무학을 공부해야 하나? 주식투자라도 하면서 공부를 해야 하나? 고민이 되었다.

tip box

　일반적인 재무 관련 지식은 홍보 담당자의 필수 자질이다. 그러나 아직도 전문적인 재무 이슈에 대해서 많은 홍보 실무자가 어려움을 호소한다. 많은 기업에서도 IR팀이 재무적인 커뮤니케이션을 리드하면서 홍보 쪽으로 쏠리는 부담을 덜어 주는데, 시스템상 재무 관련 이슈에 대해 내부 및 외부로 커뮤니케이션을 담당해야 하는 대변인은 누가 되는 것이 가장 이상적일까? 재무담당 임원[CFO]이다. 재무담당 임원이 전문적인 재무 관련 이슈 시 대변인이 되는 것이 가장 안전하고 정확한 커뮤니케이션을 보장한다. 평소에 IR적인 커뮤니케이션 노하우가 있으면 더욱 좋다.

　비상장사이거나 외국기업과 같은 경우 IR적인 경험이 없는 재무담당 임원이라면 재무담당 임원에게 대변인 훈련을 시키는 것이 좋다. 민감한 재무 이슈에 관해 담당 기자들과 안전하고 정확하게 커뮤니케이션 할 수 있도록 Do's and Don'ts와 집중적인 인터뷰 경험을 제공한다. 이를 통해 재무담당 임원은 유사시 대변인으로서 역할을 충실히 해내는 역량을 확보한다. 이런 전문 분야별 대변인 지정 방식은 재무 분야, 생산기술 분야, 정보통신보안 분야, 마케팅 분야, 영업 분야, 인사 분야 등에 이르기까지 다양하다. 예전과 같이 모든 기업 이슈를 전문성을 확보하지 못한 채 홍보 부문이 무조건 맡아서 커뮤니케이션 하던 시대는 지났다.

M&A는 침묵하라

오랜만에 마케팅과 영업 핵심 팀장들이 팀장 회식을 마련했다. 최근 몇 개월 동안 아주 긍정적인 매출 기록을 연이어 달성하면서 회사 내부 사기가 높아졌다. 특히 영업 팀장들이 그동안 고생해 준 홍보팀의 노고에 감사하기 위해 홍보팀 정 팀장을 대표로 불러 술을 한잔 사기로 했다.

거의 매일 기자들과만 기울이던 술잔을 회사 동료들과 기울이는 기회가 온 것이라 정 팀장은 기분이 좋았다. 지금까지 영업과 마케팅 쪽에서 가지고 있던 사소한 오해들과 불평들도 이 기회를 통해 시원하게 해소하고 팀워크를 다져야겠다고 생각했다.

일찌감치 업무를 마치고 회식 장소로 이동하기 위해 차에 올랐다. 한남대교 위에서 강남으로 향하고 있는데 부사장으로부터 휴대전화가 왔다.

"정 팀장, 어디야?"

"네, 부사장님, 오늘 팀장들 회식이 있어서 회식 장소로 일찍 이동하고 있습니다."

"흠, 그래? 급한 일이 있으니 차를 돌리세요. 사장님과 광화문 G 빌딩에 있으니 그쪽으로 오세요."

이건 또 무슨 일이란 말인가? 그분들이 이 시간에 왜 거기에 가 있을까? 정 팀장은 이번 회식의 호스트들인 영업 상무와 마케팅 상무에게 사정을 말해 양해를 구했다. 다들 "무슨 일이야? 사장님께서 직접?" 하고 고개들을 갸우뚱했다.

정 팀장이 G빌딩에 들어섰다. 엘리베이터를 타고 삼십 층에서 내리니 아주 고급스러운 인테리어가 돋보이는 회사가 나왔다. 리셉셔니스트가 보였다.

"어떻게 오셨습니까?"

"저… 저희 사장님께서 여기 계신다고 하셔서요."

"네, 이쪽으로 오세요."

훌륭하게 차려입은 리셉셔니스트가 길을 안내하고 큰 회의실 문을 열어 주었다.

회의실에 들어서니 이미 거기에는 핵심 임원들 몇 명과 사장이 앉아 있었다. 또 처음 보는 와이셔츠 차림의 사람들 여럿이 앉아서 수북이 서류를 쌓아 놓고 분주하게 이야기를 나누고 있었다. 옷차림이나 헤어스타일로 보아 그들이 컨설턴트들이거나 은행 쪽 사람들이라고 짐작할 수 있었다.

사장은 그들에게 정 팀장을 소개했고, 정 팀장은 각자가 누구인지도 모른 채 눈인사를 나눴다. 정 팀장이 사장 옆에 앉았다.

"사장님, 저를 부르신 이유가…."

"어, 정 팀장, 글로벌 차원의 큰 이슈가 있어요. 오늘 한번 들어 보고 이와 관련해서 홍보팀에서 메시지들을 관리해 줘야 할 것 같아."

"네? 이슈라면?"

"우선 입 조심하고, 일단 회의 내용을 잘 듣고 판단해요."

이윽고 회의가 시작됐다. 저 멀리 태평양 건너 합작사에서 컨퍼런스 콜로 여럿이 들어왔다. 서로 지지 않고 빠른 영어로 이야기하는 통에 누가 무슨 말을 하는지 헷갈렸다. 같은 회의실에 있는 컨설턴트로 보이는 사람들도 이야기들을 속사포처럼 영어로 쏟아 냈다. 사장도 임원들에게 정신없이 설명하면서 설명을 들었다. 정 팀장의 짧은 영어 실력으로 들은 바로는 우리 회사가 어떤 회사를 인수한다는 것 같았다. 그 회사가 어떤 회사인지는 모든 사람들이 Rat(쥐)라는 암호를 써 말하고 있었다. 무슨 소리야, 쥐를 잡겠다는 소리는 아닐 테고…. 정 팀장은 머리가 어지러워졌다.

합작사 커뮤니케이션 임원이 컨퍼런스 콜에 들어와서 정 팀장에게 설명했다.

"미스터 정, 거기 있어요?"

"네, 저 여기 있습니다."

"오케이. 당신이 이제부터 할 일을 알려 줄게요. 당신과 당신의 팀은 이제부터 모니터링에 각별히 신경을 써야 해요. 이번 Rat을 잡기 위한 모든 이슈들에 대해서는 당신이 코멘트할 수 없어. 기자들이 물어 보면 나에게 연결시켜 줘. 그들이 영어를 하는지 못하는지 모르겠지만, 당신이 할 일은 기자들의 질문에 답변하지 않는 것이오. 실시간으로 기자들로부터 어떤 질문이 있었는지 나에게 보고해 주시오. 이메일이나 메신저도 좋고 전화를 걸어도 괜찮아요. 아무튼 Rat에 관련해서는 절대 답변하지 마요. 공식적인 답변문을 주기까지 당신은 아무런 예측도 하면 안 돼요. 알겠어요?"

정 팀장은 짧게 대답했다.

"네."

정 팀장은 혼자 생각에 빠졌다. 아무 말도 하지 말라고 나를 여기까지 부른 거야? 그건 그렇고 이 Rat란 게 어떤 회사야? 생각을 해봐도 M&A 할 만한 대상은 없다. 같은 업계 시장에 나와 있는 매물로도 마땅한 회사가 없어 보이고… 에잇.

다음 날, 괜히 아무것도 모르면서 마음만 무거워진 정 팀장은 여기저기 정보 서치를 해 보았다. 주식 시장에 떠다니는 찌라시(정보지)들도 검토해 보고, M&A 관련 기사들도 서치했다. 하지만 답이 안 나왔다. 어느 회사일까? 어제 과음에 취한 듯한 목소리로 마케팅 팀장이 전화를 했었다.

"어이 정 팀장님, 어제 사장이랑 재미있었어?"

"무슨, 재미는….'

"사장이 뭐래? 뭐 승진이라도 시켜 준대? 홍보 임원 되나?"

"에이, 실없는 소리. 아무것도 아냐! 끊어."

뭐라고 대답할 말이 없었다.

홍보팀 조 과장이 다가와서 물었다.

"어제 사장 미팅하셨다면서요? 무슨 큰일이라도 있나요? 모니터링 범위를 이렇게 늘리신 것도 그렇고…."

"아냐. 그냥 모니터링 좀 잘하라고 몇 마디 하더라고. 그냥 애들한테 모니터링 놓치지 말고 하라 그래. 이상 있으면 당신이 정리해서 실시간으로 내게 보고하고."

역시나 눈치와 정보력이 앞서는 영업팀장들이 전화를 걸어왔다.

"정 팀장, 어제 사장 만나서 무슨 이야기 있었어?"

"아냐, 아무것도."

"들리는 설로는 우리 회사가 H마트를 산다던데 그 얘긴가?"

"뭐? 그게 무슨 소리야. 말도 안 돼."

"아니, 그냥 시장에 들리는 소문이 있어서 말이지."

"자꾸 헛소리 하다가 사장 귀에 들어가면 큰일 나니까 말조심해."

"뭐야, 맞다는 거야? 아니라는 거야?"

"몰라, 어제는 그런 자리가 아니었어… 끊어."

정 팀장은 깜짝 놀랐다.

"아, 그 Rat이라는 게 H마트구나. 그렇구나."

여의도에서 애널리스트로 성공한 친구 하나가 오랜만에 전화를 해 왔다.

"어이 정 팀장, 잘 지내? 당신네 회사 좋은 소리가 들리던데. 그거

들었지?"

"뭔 소리?"

"아니, 홍보 팀장이 아직 그 정보도 못 들었나? 이거 애널들한테도 거의 알려졌는데… 오늘 아침에 입수한 따끈한 정보야. 아무튼 자네 H마트 주식 좀 사 둬. 괜찮을 거야. 후후후."

정 팀장은 고민했다. 이건 완전 유혹이군. 집에서 힘들게 아이들 키우면서 지친 아내 모습이 갑자기 떠올랐다. 하지만 다시 마음을 다잡았다. 아니야, 그러면 안 돼.

하루 종일 싱숭생숭한 마음으로 업무를 마감한 정 팀장은 정해진 약속대로 진성경제 출입 기자와 저녁을 했다. 아구찜을 앞에다 놓고 소주잔을 기울이면서 기자가 물어왔다.

"H마트 쪽에서 그러는데… 여기저기 입질들이 온다더라. 정 팀장네 업계에서도 몇 개 회사가 관심을 보이고 있다던데? 정 팀장네 회사는 어때? 그 해외합작사 쪽에서 연락 없나?"

정 팀장 목에 술이 꺽 하고 막혔다.

"켁켁, 켁켁, 에이 나이가 먹으니 사레가 잘 걸려. 켁켁."

tip box

홍보 일을 하면서 말하는 것보다 침묵하는 게 더 어렵다는 것을 느낄 때가 있다. 남에게 받는 것보다 주는 것이 더 기분이 좋다는 것을 깨닫는 것처럼, 차라리 말해 버리는 깃이 더 편할 때가 많다. 그러나 전략적으로 또 조직에 포함된 사람으로 홍보인은 개인이 아니다. 회사를 대표하는 공식적인 창구다. 비밀 준수는 프로페셔널로서 홍보인에게 주어진 가장 기본적인 주문이다.

특히 M&A라는 이슈에 접해서 홍보인은 윤리적인 문제, 관계의 문제, 비밀 준수의 문제, 개인적인 갈등과 같은 여러 문제를 경험하게 된다. 흔히 이 과정에서 전략적인 포지션이 기자와의 상호 관계를 저버리는 이해타산적인 포지션을 가지고 있다. 전략적인 포지션은 수준 차이가 나더라도 최대한 상생Win-Win하는 포지션이 되어야 한다. M&A 커뮤니케이션에서 심도 있는 전략성이 요구되는 이유가 바로 여기에 있다.

노코멘트 전략

　오랜만에 정 팀장은 외국계 IB(투자은행)에 다니는 후배와 저녁을 하기로 했다. 일찍이 대학 졸업 후 미국 유수의 MBA를 마치고 뉴욕에서 M&A 관련 일을 하다 세계적인 외국계 IB의 한국 임원으로 서울에 부임한 후배다. 우연히 연락이 되어 오랜만에 옛이야기나 하자고 저녁 약속을 잡았다.

　청담동 고급 일식집에 들어서니 이미 후배가 먼저 와서 별실 하나에 자리를 잡고 있었다.

　"이야, 선배 이게 얼마만이에요? 어이구 신수가 훤하십니다. 살도 좀 찌신 듯하고."

　"잘 지냈어? 자네 소식은 여러 통로로 듣고 있었지. 아주 잘나간다고 소문이 자자하더군."

한 순배 두 순배 잔을 부딪치면서 지나간 이야기를 나누었다. 그 후배는 취한 듯한 눈빛으로 정 팀장에게 조용히 말을 건넸다.

"선배, 선배 회사가 말이지 시장에 나와 있어. 그거 알지? 부자그룹에서도 관심을 가지고 있고, 싱가포르 쪽에서도 이야기가 나오네. 선배만 알고 있어요. 본격적으로 말 나오는 건 두세 달 걸릴 거예요. 선배도 그 전에 개인적으로 준비를 좀 해요."

정 팀장은 갑작스러운 정보에 여러 질문들이 생겨 마구 후배에게 질문을 해 댔다. 후배는 정 팀장 미국 합작사 본사의 이야기와 M&A 시장에서 돌고 있는 자세한 시나리오들을 정 팀장에게 자세히 설명해 주었다. 그러고는 항상 말끝에 선배만 아세요, 꼭…. 하는 꼬리를 붙였다.

다음 날 아침, 회사에 출근한 정 팀장은 재무 부사장실에 올라가 부사장에게 커피 한잔하자고 했다.

"부사장님, 요즘 시장에 돌고 있는 뭐 재미있는 이야기 좀 없을까요? 기자들이 하도 정보 정보 하기에 하나 만들어 줄까 해서요."

부사장은 흠칫 놀라는 표정으로 부사장실 문을 닫는다.

"정 팀장, 당신 무슨 이야기 들었구나? 그치?"

평소부터 정 팀장과 친한 선배라서 부사장은 무엇인가 감을 느낀 듯했다.

"회사가 매물로 나와 있다고 들었어요. 문제는 이 이야기가 경쟁사에 조만간 들어간다는 건데. 그러면 직후 바로 기자들에게 가게 되니, 문제죠. 준비를 해야 할 것 같아서요. 왜 자꾸 이런 일들이 생기는지….”

부사장은 담배를 꺼내 물면서 불을 붙였다. 금연인 사무실에서 담배를 피우는 것이었다. 부사장은 연기를 한 숨 빨아 뱉으며 말했다.

"정 팀장, 자네나 나나 빨리 다른 자리 알아보자. 사실 한 3개월 전부터 감이 왔어. 그래서 나는 아는 서치펌 통해 알아보는 중이야."

정 팀장은 짜증이 난 목소리로 말했다.

"부사장님, 그게 아니고요. 어떻게 우리가 기자들하고 커뮤니케이션해야 하느냐는 거예요. 공식 발표 전에 새 나가면 어떡하죠? 그쪽 전문가시니까 메시지를 좀 주세요. 네?"

부사장은 시니컬한 톤으로 이렇게 말했다.

"그냥 모른다고 그래. 사실 우리가 아는 게 뭐 있어? 아마 저 높은 윗선에서는 아무 말도 하지 말라고 할걸? 준비는 무슨… 이제 팔리는 회사에 무슨 충성이 남아서."

정 팀장은 인사를 하고 부사장실을 돌아 나온다. 제기랄, 다들 자기 살길만 찾는구나…. 정 팀장은 혼자 머리를 굴렸다. 위에서는 무조건 모른다 하라 하겠지. 하지만 기자들에게 모른다고 하는 것이 통하나. 무슨 메시지가 있어야. 아니다 맞다 대응을 하지.

사장과 합작사 임원들에게 이메일로 정보 보고를 했다.

한국 M&A 시장에서 입수된 정보인데 우리 합작사가 매각될 예정이라는 루머가 있다. 이 루머는 미디어에 곧 입수될 가능성이 많은데 이에 대해 적절한 메시지를 주면 좋겠음.

이메일을 보내자 사장에게서 전화가 왔다.

"정 팀장, 재무 부사장에게 이야기 들었어. 잘했다. 이번 딜은 저쪽 사람들이 리드하는 거니까 가능한 한 빨리 저쪽 의견을 받아서 그쪽은 내가 신경 쓰지 않게 해라."

몇 시간 후 합작사 홍보 임원으로부터 이메일이 왔다.

"우리 회사의 정책은 시장의 어떤 루머에도 논평하지 않는 것이다. 기자들의 문의에 대해 이러한 정책을 확실히 지키길 바란다. 앞으로 기자들이 하는 어떠한 문의라도 답변 후 우리에게 보고해 주길 바란다."

정 팀장은 이메일을 읽으며 중얼거린다. 메시지를 주지도 않으면서 보고는 무슨.

정 팀장에게 일 분 일 초가 일 년 같았다. 전화벨이 울리거나 휴대전화에 진동만 와도 깜짝 놀랐다. 얼마 전까지 국내 다른 기업을 인수한다는 설까지 있던 정 팀장 회사가 이제는 반대로 매물로 나왔다고 생각하니 뭐가 뭔지 머릿속이 헷갈렸다.

정 팀장은 팀원들을 소집했다. 항상 그렇듯이 모니터링을 철저히 하라고 지시했다. 특히 외국 언론을 모니터링 하는 팀은 미국 합작사 관련 뉴스를 아주 세부적으로 보고하라고 지시했다. 기자들과의 커뮤니케이션에서도 평소와 다른 부분이 있으면 즉각 보고하라고 했다. 막내 대리들에게는 매일 오후 마감 전까지 그날 기자들과의 커뮤니케이션 보고서를 취합 작성해 올리라고 했다.

회의 후 조 과장이 정 팀장에게 다가와서 조용히 물었다.

"팀장님, 무슨 일이 또 있군요. 이번에는 좀 더 큰일인가 보네요."

"어떻게 알아? 왜 누가 뭐라고 해?"

"아니요. 팀장님 표정이요. 팀장님 표정에서 아주 불안한 느낌을 읽을 수 있어요. 예전 다른 위기 때와는 다른 그런 느낌이죠."

정 팀장은 마음속으로 뇌까린다. 홍보 담당자가 가장 힘들 때는 아무 말도 할 수 없을 때지. 진짜 이번 이슈에는 우리가 할 수 있는 말이 아무것도, 하나도 없어. 그래서 그렇겠지. 조 과장은 정 팀장의 눈을 다시 바라보다가 힘없이 돌아 나간다.

tip box

최근 들어 국내 기업들에게 M&A 이슈는 큰 숙제다. 기업을 파는 측도 사는 측도 아무 할 말이 없다는 것이 일선 홍보 담당자들에게 큰 딜레마다. 그나마 순수 국내 기업에는 사주의 의중에 따라 어느 정도 융통성이 있을 수 있지만, 외국계 기업이나 합작사에는 아주 곤욕이다. 한국 지사의 홍보라인에 어떤 메시지나 권한도 주지 않는다는 것이 외국기업 본사의 입장이기 때문이다.

특히 외국기업과 관련한 M&A 시에는 외국기업 본사에서 상당 부분 M&A 커뮤니케이션 전반을 통제하려고 한다. 유럽이나 미국에 있는 본사의 대형 M&A에는 한국의 언론을 실시간으로 모니터링하기도 한다. 그들이 가장 민감해하는 언론은 아무래도 영자 언론이다. 그들이 직접 읽을 수 있기 때문에 민감해하는 것 같기도 하지만 한국에서 발행하는 영자 언론은 전 세계적으로 읽히고 그 파장이 실제 투자자들과 M&A 플레이어들에게 직접적인 영향을 미치기 때문인 경우가 대부분이다.

따라서 외국기업이 주도하는 M&A 관련 커뮤니케이션 할 때 극히 주의해야 할 언론사 유형은 국내 주재 외국통신사 및 언론사, 외국어로 간행물을 발행하는 국내 언론사, 한국어와 외국어로 동시 발행되는 언론 등이다. 또한 증권이나 투자 관련 뉴스 기사를 속보 형식으로 번역해 서비스를 제공하는 업체도 경계 대상이다. 결국 외국기업과 M&A를 하게 되면 이 세상의 모든 언론을 경계해야 하는 셈이다. 섣부른 전화통화 한 통이 내 개인의 커리어를 망칠 수도 있다는 사실을 명심하자.

모두가 대변인이 되라

최근 정 팀장의 팀원들은 밤잠을 설치고 있다. 업계 선두 기업 경쟁사가 곧 최대 규모의 M&A를 앞두고 있기 때문이었다. 경쟁사가 이번 M&A에 성공할 경우 정 팀장의 회사는 업계에서 그 위치가 상대적으로 뚝 떨어질 뿐만 아니라 영원히 마이너 기업으로 전락해 생존조차 불확실해지기 때문이다.

이미 이런 시장 상황을 감안해 공정위에서는 그 경쟁사의 M&A에 대해 기업결합 심사 중이었다. 여러 루트를 통해 정 팀장 회사는 이번 M&A가 승인될 경우 독과점 체제 형성으로 소비자에게 불이익이 돌아갈 뿐만 아니라 공정한 경쟁 시스템이 무너져 버린다고 어필하고 있는 중이었다.

정 팀장은 요즘 매일 홍보팀이 이번과 같은 회사의 중대한 위기

시에 어떻게 회사를 위해 공헌할 수 있을까를 고민하고 있었다. 정 팀장의 경우 거의 이십 년 가까이 재직해 온 회사가 예전 영화를 되찾기는커녕 변화에 적응하지 못하고 그저 그런 회사로 소멸되는 것이 그 무엇보다 안타까웠다.

정 팀장은 평소 좋은 관계를 맺고 있던 즐겨방송 보도국 부장과 술자리 할 기회를 만들었다. 그 부장이 물었다.

"정 팀장, 자네 회사 힘들겠어. 그게 얼마짜리 M&A야. 이제 옛날 같은 기회는 없어진 거지? 사내 분위기는 어때?"

정 팀장은 폭탄주를 들이키면서 혼잣말처럼 중얼거렸다.

"흠… 사실 시장에서 소비자를 대상으로만 경쟁하면 우리가 승산이 있다고 봤어요. 그런데 돈의 힘에는 못 이기겠네요."

부장이 정 팀장의 말을 받아쳤다.

"사내에서 패배 의식이 더욱 진해졌겠군."

정 팀장은 정색을 하고 말했다.

"부장님, 저희 진짜 억울합니다. 이렇게까지 시장을 과점화해 주는 것이 정부 정책일까요? 이 회사만 빼고 시장 모든 경쟁 기업이 다 문제가 있다고 보고 있다고요. 학자들도 분명히 이번 M&A는 공정한 시장 경쟁을 해치는 명백한…."

부장은 웃으면서 말했다.

"정 팀장, 안 그래도 우리가 이번 꼭지 몇 개를 묶어서 그 회사 기업결합이 소비자들에게 미치는 영향에 대해 상세히 보도할 예정이야. 소리들이 이렇게 많은데 무시할 수 없지. 한번 가자. 내가 자세하게 다뤄 줄게. 당신네 이야기하고 싶은 것 다 이야기해 봐."

"네? 어이구 부장님, 제가 이번 은혜는 절대 잊지 않겠습니다. 감사합니다. 정말 감사합니다."

정 팀장은 술자리에서 벌떡 일어나 여러 번 절을 해 댔다.

다음 날 정 팀장은 어젯밤에 즐겨방송 보도국 부장과 나눈 대화를 사장에게 보고했고, 사장은 자문변호사, 자문교수단, 대관업무 부사장, 기획 부사장등을 한자리에 모이게 했다. 사장이 먼저 이야기를 시작했다.

"이번 경쟁사의 기업 결합 심사건에 대해서 즐겨방송에서 우리 측 의견을 충분히 반영해 보도해 준다고 하네요. 우선 정 팀장이 좀 더 자세하게 설명을 해 줘 보세요."

"네, 즐겨방송이 취재하기 원하는 것은 이런저런 스토리입니다. 일단 저희 측에서 기본 자료를 제공했습니다. 내일부터 며칠간 우리 측 의견을 인터뷰해서 이야기해 달라는 것이 그쪽 요청입니다. 그 방송에서는 우리 측에서 책임 있는 위치에 계신 분이 인터뷰를 해 줬으면 하고 있습니다. 이건 아주 좋은 기회인데요. 제가 생각하기에 사장님께서 직접 나서 주시는 것이 좋지 않을까 합니다."

순간 사장의 얼굴이 굳어졌다.

"흠… 내가 나선다고 뭐가 달라질까? 섣불리 나서는 게 업계에서 또 문제가 될 수도 있고."

정 팀장은 생각했다. 아니, 사장이 벌써 저렇게 자신 없는 포지션을 취하시다니….

"그럼 사장 대신 누가?"

사장이 말했다.

"기획 부사장은 어때요? 그쪽이 이번 일은 가장 잘 알고 있지 않나?"

기획 부사장은 창밖을 내다보다가 깜짝 놀란 듯 소리쳤다.

"네? 제 생각에는 대관 쪽이 공정위하고 공유된 정보가 많아서 적절하다고 보는데요."

대관업무 부사장이 웃으면서 반격했다.

"하하하, 대관업무하는 사람이 어떻게 공정위 찌르는 보도에 나갈 수 있겠습니까? 저희 밥줄 끊을 일 있습니까?"

사장이 약간 짜증스럽게 이야기했다.

"그럼, 이번 보도는 나가지 말까요? 이거 해서 우리에게 도움이 될까?"

정 팀장은 얼굴이 화끈하게 달아올랐다. 이야기가 원점으로 다시 돌아가는 형국이었다.

"사장님, 제 생각으로는 그러면 전문가 인터뷰로 처리해 보는 것이 어떨까 합니다. 여기 계신 저희 자문 교수님들과 변호사들께서 중립의 포지션을 가지고 이야기해 주실 수 있으시겠지요?"

자문 변호사가 움찔 놀라면서 이야기했다.

"흠, 이런 상황에서 제가 나서기는 힘듭니다. 저도 그쪽 자문하는 쪽과 하루 이틀 볼 것도 아닌데, 그런 이슈로 논박하기는 좀⋯."

정 팀장은 속으로 뇌까렸다. 그러면 자문 변호사직을 내놓아야 하는 것 아니야? 우리를 위해 이야기해 줄 수도 없다는 건?"

자문교수단 중에 가장 핵심인 왕 교수가 커피를 홀짝이면서 거들었다.

"그래요. 이런 건 그냥 홍보팀에서 처리하시는 게 나을 듯합니다. 분명히 저 경쟁사 쪽에서도 반론을 제기할 텐데. 그쪽에서 어떤 레벨이 나오는지도 알아봐야 할 거구요."

가히 저 정도면 여우다. 사장은 흥미 없다는 듯 정리했다.

"오케이. 그럼 정 팀장이 인터뷰해요. 내용은 이미 다 알고 있을 테니, 자문 변호사님들과 교수님들 도움은 조금 받고. 그럼 그렇게 갑시다."

정 팀장은 체념한 듯 대답했다.

"네. 알겠습니다. 감사합니다."

정 팀장은 사무실 책상에 돌아와 앉았다. 항상 이런 식이었다. 사장을 비롯한 모든 임원들 그리고 외부 자문단들은 신문이나 방송에 매번 극도로 알레르기를 일으켰다. 다른 회의 때는 '적극적인 견제' 운운하다가도 막상 취재가 시작되면 뒤로 숨는다. 게다가 더욱 정 팀장을 화나게 하는 것은 꽁무니를 빼는 자신들의 당위성을 주장하기 위해 억지 주장을 펼치는 것이다. 그런 억지 주장으로 인해 무산된 아까운 견제 기회가 수없이 많다는 것이 정 팀장을 우울하게 했다.

이번에도 정 팀장은 또 TV카메라 앞에 홀로 앉아야 했다. 방송사 부장이 전화로 한 말이 씁쓸했다.

"아니, 당신네 회사에는 당신밖에 없어? 당신네 경쟁사 쪽에서는

M&A 지휘한다는 부사장급이 나서는데 이거 균형이 안 맞잖아. 아무튼 알았어. 당신네도 참."

정 팀장은 힘들게 인터뷰를 마치고, 취재 온 기자도 친절하게 인사해서 돌려보냈다. 이번 주 중으로 보도가 나갈 예정이라던데, 그때까지 어떤 상황이 벌어질지 아무도 몰랐다. 출입 기자들과의 술자리에서 우연이라도 경쟁사 홍보 팀장과 맞닥뜨리지만 않기를 바란다. 들리는 이야기로는 경쟁사 쪽에서 정 팀장을 심하게 욕하고 있다고 했다. 한번 손봐 주어야 한다고 그쪽 임원이 기자들에게 장담할 정도란다.

항상 좋고 멋진 일은 사장을 비롯해 임원들의 몫이고 공이다. 힘들고, 구차하고, 민감한 문제는 홍보팀이 당연히 해야 할 일 아니냐며 당연한 듯 말들 한다. 이것이 홍보팀의 업무라면 당연히 하는 것이 옳다. 그러나 일부 개인적인 사사로움이 기업 전략을 해하는 것은 안 된다.

개인적으로 언론이 두렵다면 훈련을 받아 자신감을 가져야 하고, 기업의 커뮤니케이션 전략에 따라 언제든 대변인이 될 수 있어야 프로다. 이러한 역할을 홍보팀에만 묶어 놓는 것은 전략적으로 문제가 있다.

tip box

　경쟁사가 M&A를 통해 세를 확장하려 할 때 다른 경쟁사들은 가만히 앉아 바라보는 일밖에 아무것도 할 수 없다. 하지만 그러한 세 확장 움직임이 시장 전체에 큰 영향을 끼칠 것으로 예상한다면 일부 기업은 경쟁사의 공격적인 M&A 움직임을 차단하기 위해 여러 활동에 착수한다. 가장 흔한 형식이 경쟁사가 M&A를 통해 과점적인 위치에 올라설 우려가 있는 경우다. 이런 때에는 많은 군소 경쟁사들이 공정위 등을 압박하는 여론전을 펼치기도 한다.

　공정위가 기업 M&A 마지막 단계에서 실행하는 '기업결합심사'에 영향을 미치기 위한 여론 형성이다. 많은 기업이 오픈한 상태에서 공식적으로는 커뮤니케이션을 하지 않는다. 또한 극단적으로 공정위나 정부 등을 타깃으로 삼지도 않는다. 기업결합심사에 영향을 미칠 만한 강력한 여론이 떠오르는 것에 정부 기관은 적잖은 불편함을 이야기한다. 정부 규제 기관의 심기를 관리하면서 적절하게 경쟁사의 M&A 블로킹을 시도하는 기업의 수면하의 여론 조성 활동 또한 상당히 예술적인 M&A 커뮤니케이션의 일종이다.

포토라인에 선 CEO

정 팀장이 아침에 출근해 보니 회사가 아수라장이었다. 회사 앞 정문에는 건장한 사람들이 모여 있고, 몇 대의 버스가 서 있었다. 검찰수사관들이었다. 정 팀장은 재빨리 법무와 대관팀장을 만나러 사무실로 올라갔다.

법무쪽 과장에게 이야기를 들으니 얼마 전 퇴직한 전직 고위 임원이 회사에 앙심을 품고 내부고발을 한다고 했는데 그 건이 터진 듯하단다. 다행히 사장은 지금 일본 출장 중이었다. 사장 비서에게 일단 사무실 상황만 사장에게 보고하고, 홍보팀과 대관팀이 함께 사후 보고하겠다고 일러 놓았다.

회사 일을 맡고 있는 로펌 변호사들과 회의 중인 대관과 법무 팀장을 뒤로 하고, 정 팀장은 일단 홍보팀으로 자리를 옮겼다. 아니나

다를까 전화기가 울려 댔다.

"아직까지 저희 홍보팀에서는 검찰이 회사를 방문한 이유를 파악 중입니다. 일단 저희가 상황 파악을 하고 입장을 정리해서 알려 드리죠."

계속 같은 메시지들을 반복할 수밖에 없다. 일단 로펌 변호사들과 상의가 끝나야 공식 입장을 정리할 것 같으니 어쩔 수가 없다.

그래도 기자들은 전화를 계속 울려 댔다. 지속적으로 업데이트를 해 달란다. 직원들이 술렁이기 시작하고, 몇몇 여직원들은 울음을 터뜨릴 기세다. 보안안전요원들을 일단 정문에 배치했지만, 절대 검찰 수사관들과의 몸싸움은 피하라고 단단히 일러두었다. 자칫 폭력 사태까지 벌어질 상황이다.

수사관들이 몇 트럭 분량의 하드디스크와 서류를 들고 떠났다. 남은 자리에서 정 팀장은 법무와 대관 그리고 재무 관련 부서팀장들과 임원들을 한자리에 불러 모았다.

"올 게 왔어. 큰일 난 거야."

부사장이 한숨을 쉬었다.

대관 팀장이 일어서서 이야기했다.

"현재 검찰 측과 커뮤니케이션 라인을 따고 있는 중입니다. 법무 쪽과 로펌 변호사들에게 검찰 조사에 대해 단단히 대비하라고 지시했고, 오늘부터 저희가 태스크포스팀을 만들어 외부 장소에서 대책을 마련할 예정입니다."

부사장은 고개를 끄덕이면서 물었다.

"사장님은 언제 귀국할 예정이신가?"

비서가 답했다.

"원래는 이번 주말에 오실 예정이셨는데, 일단 로펌 측에서 귀국 일정을 조율해 알려 드리겠다고 하니 그때까지 일본에 머무르셔야 할 것 같습니다."

"일단 나도 통화해 보지."

부사장이 회의실 천장을 바라보았다.

정 팀장이 물었다.

"기자들에게는 어떻게 이야기하는 것이 나을지 고민 중입니다. 일단 오전에 검찰에서 압수 수색 나왔다는 건에 대해서는 알고 있는 상태고, 저희 회사 입장을 정리해 달라는 문의가 많습니다."

부사장이 되물었다.

"그것들 좀 빼면 안 되나? 기사 좀 안 나오게 말이야."

"불가능합니다. 이게 검찰 출입 기자들과 출입 기자들이 함께 얽혀 있어서 이런 류의 뉴스는 빼는 것보다 저희 공식 입장을 빨리 정리해 대응하는 게 옳습니다."

부사장이 끄덕였다.

갑자기 사장 비서가 회의실로 뛰어 들어왔다.

"부사장님, 사장님께서 저녁에 귀국하신답니다. 로펌 이야기를 듣지 않고 직접 상황을 보시겠다고 하네요."

부사장과 정 팀장이 깜짝 놀라 서로를 쳐다보았고, 이내 부사장이 소리쳤다.

"정 팀장, 일단 인천공항으로 뛰어!"

정 팀장은 홍보팀 남자 직원 다섯과 함께 인천공항으로 향했다.

"사장님도 참, 로펌 이야기를 들으실 것이지 말이야. 그리고 이렇게 갑자기 귀국하신다고 하면 어떻게 홍보팀에서 기자들 관리를 하느냐고, 진짜 큰일이야. 기자들이 몰려들 텐데 어떻게 하지?"

일단 공항 기자실로 향했다. 기자들이 모두 몰려들었다.

"그 회사 사장님이 오늘 저녁 동경에서 귀국하시는 거 맞죠?"

정 팀장은 간사 기자를 찾아 인사를 올리고 이야기를 나누었다. 간사 기자는 일단 당신네 사장이 귀국한다는 사실을 알고 있으니, 가능한 한 사상님 멘트를 딸 수 있게 도와 달라고 정 팀장에게 요청했다. 정 팀장은 일단 협의 후 할 수 있는 일을 지원해 드리겠다고 하고 기자실을 나왔다.

정 팀장이 일본에서 비행기를 기다리는 사장에게 전화를 했다.

"사장님, 일단 귀국하신다는 사실을 공항 기자들이 알아 버렸습니다. 현재 기자들을 피할 수 있는 방법이 없네요. 일단 제가 공항 기자단과 이야기를 해서 포토라인을 만들어 드리겠습니다. 불편하시더라도 포토라인에서 잠깐 짧은 멘트를 해 주시면 어떨까요? 그냥, 아직까지 말씀드릴 것은 없고 상황을 파악해 보겠다 정도만 말씀하시면 될 것 같습니다."

전화 수화기 너머 사장은 침묵했다.

"정 팀장, 그건 아닌 것 같고, 일단 입국장 앞에 직원들 깔아 기자들 막으세요, 나는 그냥 나갑니다. 어떤 이야기도 안 할 겁니다."

정 팀장은 완고한 사장을 설득할 수가 없었다. 전화를 끊고 나니 눈앞이 캄캄해졌다.

이윽고 입국장에 사장이 나타났다. 기자들이 몰려들었다. 일단 정 팀장과 다섯 명의 홍보팀 직원들이 사장을 둘러쌓다. 손과 서류 가방들을 들어 카메라 플래시와 TV카메라를 막고 앞으로 전진했다. 기자들 약 백여 명이 둘러싼 채 마이크들을 들이대며 저마다 소리쳤다. 문제일보 기자가 소리를 쳤다.

"정 팀장, 이런 식으로 하면 안 되죠! 사장을 세워 줘요!"

추격TV 기자가 화를 내면서 사장의 외투를 끌어당겼다.

"사장님, 한 말씀만 해 주고 가세요. 많이 묻지 않겠습니다."

사장은 정 팀장에게 눈을 부라리며 전진 신호를 보냈다. 이미 홍보팀 직원 몇 명은 뒤에 처져서 기자들에게 밀려 넘어져 버린 상태였다. 정 팀장이 사장을 오른팔로 감싸 안으면서 TV카메라를 밀쳐 내는 순간, 퍼퍽 하고 대형 TV카메라가 사장의 이마에 부딪쳤다. 뒤에서 달려든 기자들에게 밀려 충돌한 것이었다. 사장의 이마에서 시뻘건 피가 흘렀다. 사장이 눈을 뜨지 못하고 당황했다. 정 팀장은 왼손으로 사장의 이마를 막으면서 계속 앞으로 나아갔다. 정 팀장의 와이셔츠도 피에 젖었다.

이후 정신을 차린 정 팀장은 공항에서 봉변을 당한 사장이 지시한 긴급 대책 회의를 임원들에게 통보했다. 오후 11시. 회의장에는 숙연함이 맴돌았고, 사장의 이마에 붙여진 상처 치료용 거즈가 그 무거움을 더하고 있었다. 사장이 먼저 말을 꺼냈다.

"지금까지 상황은 홍보팀 보고를 받아 어느 정도 알겠는데, 이제 우리가 할 수 있는 일은 뭐가 있나?"

법무 팀장이 로펌 변호사들과 세부적인 대응 활동을 브리핑하기 시작했다. 사장이 고개를 끄덕이다가 한마디 했다.

"그렇게 법적으로만 대응하는 걸로 충분한 거요? 아니면 정치권에도 커넥션을 좀 놓아야 할 필요가 있을까?"

법무 팀장과 대관 팀장이 거들었다.

"사장님, 그건 이렇게 공개 회의상에서 세부적으로 말씀드리기는 그렇고요, 나중에 따로 말씀 올리겠습니다."

정 팀장은 이런 상황이 맘에 들지 않았다.

"홍보팀에도 세부적인 활동 사항들을 어느 정도 정보를 공유해 주시기 바랍니다."

사장은 정 팀장에게 가만있으라는 눈짓을 보냈다. 일단 회의를 마치고 임원들이 뿔뿔이 흩어졌다.

정 팀장에게 사내 커뮤니케이션을 맡은 홍보팀 조 과장이 다가왔다. 아직 퇴근 이전이다.

"팀장님, 직원들에게는 어떻게 커뮤니케이션 할까요? 내부 인트라넷에서 도는 이야기들도 심상치가 않네요."

정 팀장은 일단 두고 보자며 조 과장을 돌려보냈다. 뭐든 지금 알 수 있는 것은 없었고 파악할 수 있는 상황도 아니니 정 팀장은 답답하기만 했다.

출입 기자 관계를 담당하는 신 부장도 찾아와 하소연을 했다.

"오늘 하루 종일 수없이 많은 기자 문의를 받았는데, 무언가 공식적으로 발표해야 하지 않을까."

신 부장을 따라 들어온 온라인 담당 김 대리도 한마디 했다.

"소셜 미디어상 여론이 극도로 안 좋습니다."

소셜 미디어에도 관심을 가져 달라는 볼멘소리다.

제길, 뭐라 말할 것이 있이야 하지. 정 팀장은 혼자 중얼거렸다.

이때 비서실장이 전화를 해 왔다.

"정 팀장님, 공항에서는 상당히 적절하지 못한 대비였습니다. 저희 사장님께서 분명히 직원들 풀어서 기자들 차단하라 하셨는데 그게 제대로 안 된 이유가 뭡니까?"

정 팀장은 성질이 나서 당장 비서실장실로 달려 올라가 한방 먹이고 싶었다. 하지만 여러 이유를 대며 설명하고 전화를 끊었다.

"정 팀장님, 이번 건은 사장님께서 그냥 넘어가시지 않을 것으로 보입니다."

비서실장이 마지막으로 남긴 말이었다.

법무 팀장이 다시 전화를 걸어왔다.

"정 팀장님, 공항 사고 건에 대해 들었습니다. 혹시나 해서 그러는데… 며칠 뒤 사장님은 검찰 출두하셔야 할 것 같습니다. 그래서 미리 말씀드리는 건데, 오늘같이 그렇게 기자들 관리하시면 안 됩니다. 시간이 좀 있으니 검찰 출두하실 때 기자들 관리 좀 잘해 주세요."

정 팀장은 전화를 끊으면서 이걸 어쩌나 하는 고민에 빠졌다.

다음 날 아침, 정 팀장은 서울중앙지검으로 향했다. 그 이전에 검찰 출입하는 기자들 몇 명에게 자문을 구했다. 예전에 검찰 출입하면서 힘 좀 썼던 현재 모 일간지 데스크에게 찾아가 일단 대처하는 가이드라인을 얻었다.

"일단 어른에게 포토라인을 정해 거기 서서 몇 말씀 하시고 들어가시라고 해. 그냥 치고 들어가면 또 불상사 난다. 그리고 쓸데없이 뒷문이나 주차장 통해 몰래 들어가시지 말라고 해. 그러면 이미지에 문제 생겨."

법조 간사에게 사정을 설명하고 가능한 한 보기 좋게 입장할 수 있도록 협조해 준 것을 당부했다. 몇몇 TV기자에게는 직접 찾아가 고개를 숙이며 이야기를 나누었.

언제 출두하느냐는 질문에는 그저 웃으면서 만약 하게 되면 잘 부탁드린다고 반복해서 이야기했다.

회사로 돌아와서 정 팀장은 법무 팀장과 대관 팀장에게 사장의 검찰 출두 일정에 대해 문의한 뒤 사장실로 올라갔다. 정 팀장은 워낙 사장의 성격을 잘 알기에 조심스럽게 이야기를 꺼냈다.

"사장님, 이번 공항에서의 문제는 기자들이 원하는 포토라인을 설치하지 않은 것이 기본적으로 문제였던 것 같습니다. 그래서 이번 검찰 출두하실 때에는…"

이 말을 듣자마자 사장은 정 팀장의 말꼬리를 자르며 말했다.

"나 기자들 앞에 서는 거 못 합니다. 이번에도 그 추격TV 그 카메라 기자 ××는 내가 고소하려다가 말았어. 포토라인이고 뭐고 내가 왜 그 사람들 앞에서 맘에도 없는 이야기를 해야 합니까? 내가 로펌 변호사들에게 물어봤어요. 그냥 뒤로 출입하는 곳이 있다고 하더라고, 몰래 들어가서 조사받고 나올 수 있게 해 달라고 했으니 홍보팀은 빠지는 게 좋겠어요."

정 팀장은 눈을 감으면서 또 올 게 왔구나 하고 한숨을 내쉬었다.

"사장님, 저희는 대기업입니다. 대기업 사장님께서 그런 모습으로 언론을 피하시는 건 정상적인 모습이 아닙니다. 얼마 전 실패그룹도 그렇고 황당산업 회장께서도 당당하게 검찰 출두하시면서 '문제없다'고 커뮤니케이션 하셨습니다. 일반적인 방식을 따르시는 것이 어떨까 합니다."

정 팀장이 간곡하게 이야기했다. 이에 사장님은 일단 로펌 쪽 이야기 좀 더 들어 보자고 했다.

홍보팀으로 들어서니 기다렸다는 듯이 직원들이 각자 자신들의 담당 분야 이야기들을 가지고 몰려왔다. 출입 기자 이야기, 온라인과 소셜 미디어 모니터링 이야기, 사내 인트라넷과 커뮤니케이션 이야기, 함께 CSR을 진행하던 NGO에서의 문의 이야기 등 모든 업무가 밀려 있었다.

일단 법무팀 의견을 받아서 회사의 공식 입장을 정리했고, 이에 따라 각각 이해관계자 커뮤니케이션을 좀 더 적극적으로 실행하라는 지시를 내렸다. 메시지에는 한계가 있어도 가능한 한 이해관계자들의 이야기를 챙겨 듣고 공감하는 커뮤니케이션을 하라고 지시했다. 단, 아직까지 확정되지 않는 사안에 대한 추측이나 단정은 절대 피하라고 가이드라인을 주었다.

정 팀장은 그날 밤 꿈에서 사장이 남부지검 출입문에 누워 있는 꿈을 꾸었다. 기자들이 그 위로 셔터를 눌러 대고 TV카메라를 가까이 비추고 있었다. 손발이 움직이지 않아 마치 가위 눌린 듯 정 팀장은 꿈에서 깼다. 새벽 4시 30분이었다. 정 팀장은 회사에 좀 일찍 나가봐야겠다고 생각하고 자리에서 일어났다.

정 팀장은 새벽같이 회사에 출근했다. 사장이 로펌 이야기를 상당히 신뢰하는데 그에 대한 업데이트된 정보를 좀 듣고 싶어서였다. 사장이 7시경 사장실로 들어왔다는 비서실 전화를 받고 사장실로 향했다. 김찬 줄두할 때 어떻게 사전 어레인지를 할지에 대한 컨펌을 받고 싶었다.

"정 팀장, 어제 저녁 우리 로펌 사람들하고 술 한잔하면서 이야기를 들었는데, 전반적으로 정 팀장 의견과 비슷한 것 같더군. 지검 앞에서 저번 공항처럼 봉변당하지 않게만 해 주세요. 그다음은 내가 알아서 할 테니까."

정 팀장은 한시름 놓았다. 하지만 사장이 '알아서 하겠다'는 부분이 약간 마음에 걸렸다.

일단 정 팀장은 내일모레 해당 지검의 취재를 담당할 기자들이 있는 관할 기자실로 향했다. 오랜만에 다시 보는 깐깐일보 간사와 인사를 나누고 상황을 설명했다. 이전 다른 데스크 기자에게서 받았던 똑같은 내용을 조언해 주었다. 포토라인을 설정해서 간단하게 답변하고 들어가면 되지 뭐가 어려울 게 있느냐는 반응들이었다.

기자실에다가 통닭과 찬 맥주 캔 몇 박스를 풀고, 명함을 나누고, 내일 한 번 더 찾아오겠다고 인사를 하며 나왔다. 내일은 홍보팀 여직원들도 모두 데려와 인절미나 꿀떡을 좀 돌려야겠다고 생각했다. 회사에 돌아온 정 팀장은 기자들의 요구 사항이나 협조 태도에 대해 사장에게 보고했다.

사장이 물었다.

"그러면 믿어도 되겠죠? 저번처럼 그렇게만 안 되면 괜찮습니다. 그런데 뭘 질문한대? 민감한 질문은 하지 말라고 그러지."

정 팀장이 답변했다.

"곧 저희 홍보팀에서 주요 예상 질문을 뽑아 올릴 예정입니다. 저희가 법무팀과 상의해 만든 답변만 간단하게 반복하시면 됩니다. 오랫동안 기자들이 잡지 않고, 제가 시간을 봐서 사장님 동선을 관리하겠습니다."

사장은 비교적 흡족한 표정을 지었다.

이틀이 지나고 결국 사장이 지검에 출두하는 날 아침이 밝았다. 검찰 측과 이른 오후에 들어가기로 이야기를 끝냈다. 오후가 되었다. 지난 이틀 동안 로펌과 법무팀과 함께 모 호텔에 머무르며 검찰의 취조에 대응 방안을 마련했던 사장은 상당히 피곤한 표정이었다.

정 팀장은 오전부터 홍보팀 조 과장과 김 과장을 지검에 파견해 안내하고 기자들과의 커뮤니케이션을 진행하라고 지시해 놓았다. 정 팀장은 지검으로 이동하는 사장의 차에 함께 동승해 브리핑을 했다.

"사장님, 다시 한 번 말씀드리지만, 보고드린 그 답변만 반복하시면 됩니다. 저희가 최대 세 개 정도의 질문을 받으시면 그때 동선을 확보하고 이동하시도록 안내해 드리겠습니다."

사장은 마치 얼이 나간 사람처럼 얼굴 표정이 심각하고 피곤해 보였다.

사장이 탄 검정색 회사 차가 지검 현관에 정차했다. 사장의 얼굴에 순간 전의가 비쳤다. 정 팀장은 흠칫했다. 무언가 감정을 주체하지 못한다는 느낌을 받았기 때문이다. 정 팀장이 차에서 내리시는 사장에게 마지막으로 속삭였다.

"사장님, 침착하십시오. 정해진 답변만 해 주시면 됩니다. 힘내십시오."

사장은 옷깃을 여미며 지검 계단을 올랐다. 이미 백 명도 넘어 보이는 취재진이 진을 치고 포토라인 뒤에서 겹겹이 산을 이루고 있었다.

"비켜, 거기 앞에 비켜."

"마이크 치워!"

"거기 서세요, 거기, 거기."

여기저기에서 기자들이 고함을 질러 대고 수천 번의 플래시가 터졌다. 그럴수록 사장의 얼굴은 더욱 굳어 갔다.

조 과장이 바닥에 미리 붙여 놓은 녹색 테이프가 눈에 들어왔다. 정 팀장은 사장을 그 자리에 안내하고 사장 뒤에 섰다. 사장님, 제발…. 정 팀장은 초조한 마음으로 사장 뒤에서 응원할 뿐이었다. 질문을 하기로 한 기자 두 명이 TV마이크를 꾸러미로 엮어 들고 사장에게 다가왔다.

"이번 검찰 조사의 핵심은 2천억 원으로 알려진 비자금 때문인데요. 그게 사실입니까?"

사장은 침묵했다. 무언가 말을 해야 하는데 침묵하니 정 팀장은 당황스러웠다.

"한 말씀만 해 주시죠. 검찰에서는 그 비자금이 정치권 로비와 신규 사업권 획득에 일부 사용된 정황이 있다고 하던데요. 맞습니까?"

사장은 입을 약간 실룩거렸다. 이윽고 한마디 뗐다.

"근거 없는 말입니다. 자세한 사항은 올라가서 설명하겠습니다."

정 팀장은 더욱더 긴장하면서 뒤에서 시계를 쳐다보았다.

한 기자가 큰 소리로 물었다.

"이번 내부 고발과 검찰 조사로 최근 귀사의 성장 원인이 불법 로비에 있다는 의견이 있습니다. 이에 대해 사장님 생각은 어떤지요?"

사장이 그 기자를 쏘아보았다.

"그딴 소리를 지껄이는 사람이나 그딴 소리를 여기저기 옮기고 다니는 당신 같은 기자들이나 모두 문제라고 봅니다. 기자 정도면 그래도 고등교육을 받을 사람들일 텐데, 공부 좀 하시고 제대로 알고 말하시오!"

기자들 사이에서 잠시 침묵이 흐르다가 이내 사진 플래시들이 터지기 시작한다. 정 팀장은 그 말을 듣고 어지러워서 비틀거렸다. 쓰러질 것 같다. 쓰러지더라도 사장을 안전한 곳으로 보내고 쓰러져야 할 텐데…

눈치를 챈 조 과장이 달려와 정 팀장의 어깨를 잡으면서 사장에게 귓속말을 했다.

"자, 사장님 이제 올라가시죠. 이동하십시오."

정 팀장이 몽롱한 정신을 애써 다스리면서 사장의 등을 살짝 밀어 앞으로 가게 했다. 기자들이 따라오면서 마구 질문을 퍼부었다.

"사장님, 누구에게 로비하신 겁니까?"

"사장님, 내부 고발한 임원에게 한 말씀 하시죠."

사장이 기자들을 쩨려보면서 검찰 엘리베이터를 탔다. 정 팀장도 안내하는 검찰 직원들과 사장을 따라 함께 엘리베이터를 탔다.

엘리베이티 안에서 사장이 한마디 했다.

"요즘 기자××들은 머리가 나쁜 거야? 버릇들이 없는 거야? 에이, 개××들."

정 팀장은 눈을 감으면서 생각했다.

'이제 나도 회사를 그만두고 좀 편안한 일을 하고 싶어.'

검찰 직원을 따라 검찰 복도를 걸어가면 기도했다. 다른 삶을 살게 해 달라고.

tip box

CEO가 여러 기자의 취재 대상이 되는 경우에는 가능한 한 미리 취재기자들과 협의해 최소한의 취재 지원을 해 주는 것이 좋다. 취재기자는 기업 쪽에서 포토라인 설정과 최소한의 질의응답 기회를 제공하면 그에 맞추어 신사도를 발휘하곤 한다. 여러 기업의 사례를 보더라도 기자들이 진을 치고 있는 중간을 CEO와 그 주변인들이 억지로 뚫고 허겁지겁 움직이는 경우에는 언론에 상당히 부정적인 모습으로 비친다.

기업을 대표하는 CEO로서 가능한 간단한 입장을 밝히고 최소한의 질문은 들어 준 뒤 양해를 구해 자리를 이동하는 것이 국민들이 보기에 훨씬 낫다. 대부분의 CEO들은 "성실히 조사에 응하겠습니다." "들어가서 성실히 저희의 입장을 설명하겠습니다." 등으로 입장 표명을 대신한다. 그 외의 구체적인 질문에는 침묵하는 것도 하나의 방법이다.

핵심은 커뮤니케이션을 하겠다는 자세와 양해를 구하는 것이다. 그 두 가지가 없으면 CEO는 봉변을 면치 못하게 되니 주의해야 한다.

고객 정보 유출은 전사적 위기

　사내에서 정보 보안을 책임지고 있는 CISO 이사가 전화를 걸어 정 팀장을 찾았다.
　"정 팀장, 우리도 털린 것 같아. 해킹을 당했는데 해커들이 협상하자고 연락을 해 왔어요. 사장님이 빨리 위기관리 위원회를 소집하라고 하시는데?"
　정 팀장은 비상연락망을 통해 SMS를 날렸다. 위기통제센터(War room)에 사장을 비롯한 여러 임원들이 한자리에 모였다. CISO 이사가 현황 보고를 하고, 해커들이 1차로 요구하는 사항을 브리핑했다.
　현황 보고와 브리핑이 끝나자 사장이 말했다.
　"지금까지 CISO는 그렇게 안전하다고 이야기하더니 그 고객 정보가 털린 것도 모르고 있었던 거야?"

CISO 이사는 다급히 변명했다.

"저희가 모르고 있었던 것이 아니라 스캔을 통해서 수상한 부분을 발견한 직후 해커 측에서 협상 요청이 들어온 겁니다."

사장은 짜증난 목소리로 소리를 질렀다.

"그게 그거지 뭐야. 잘돼 있었으면 왜 털리겠어? 거기에 연간 퍼부은 돈이 얼마야? 얼마 전에는 뭐 시뮬레이션도 했다고 보고했었잖아?"

정 팀장 옆에 있는 마케팅 팀장이 귓속말로 정 팀장에게 이야기했다.

"저 부서에서 실행하는 시뮬레이션이라는 거 정부에서 시켜서 마지못해 하는 건데, 그냥 형식적인 거래. 그걸 저 CISO가 부풀려서 자랑했는데 이번에 아주 딱 걸린 거지. 흐흐흐."

정 팀장은 철딱서니 없는 마케팅 팀장의 얼굴을 쳐다보면서 인상을 찡그렸다.

기획 부사장이 한마디 거들었다.

"사장님, 일단 발생한 상황은 상황이고, 지금은 해커들이 요구하는 것들을 빨리 결정해야 합니다."

사장이 주변을 둘러보면서 이야기했다.

"그래 해커들이 얼마를 달라는 건가? 그걸 주면 완전히 아무런 문제가 없는 거야?"

법무 팀장이 답했다.

"이런 경우에 해커들에게 돈을 전달해도 그들이 완전히 침묵하리라는 보장을 하기가 어렵습니다. 그리고 추후에 우리 회사가 해커들과 협상한 사실이 알려지면 힘든 상황이 발생할 수도 있습니다."

사장이 CISO 이사에게 물었다.

"다른 회사는 이럴 때 어떻게 하나? 뭐 들은 거 없어?"

CISO 이사가 난처한 표정으로 대답했다.

"제가 알기로는 모두 쉬쉬하는 것으로 알고 있습니다. 저희같이 해커들이 협상 요구를 해 오지 않고 그냥 고객 정보만 유출이 되었으면 공표하지 않고 그냥 넘어가는 사례가 종종 있는 것으로 알고 있습니다. 밝혀 봐야 좋을 게 없다는 거지요."

법무팀에서 한마디 거들었다.

"그것도 상황에 따라 다릅니다. 만약 고객 정보 유출이 발생했어도 성실하게 공지하고 대책을 마련하지 않은 것이 들통 나면 추후 상당히 심각한 상황이 도래할 수 있습니다."

사장이 다시 한 번 소리쳤다.

"그러면 어떻게 해야 하는 거야?"

홍보팀 입장에서 정 팀장이 이야기했다.

"위기관리 커뮤니케이션 관점에서는 일단 저희가 기본적인 보안 체계를 구축하고 있었어도 고객 정보 유출이 발생한 것이 사실이고, 우리 회사가 고객 정보에 대한 가치를 중요하게 생각하고 있다면, 해커들과의 협상은 위험한 옵션이라고 봅니다. 이렇게 된 이상 선제적으로 고객 정보 유출 사실을 고객에게 알리고, 정부 조사 기관에 적극적으로 협조해 빨리 해커를 검거하고, 사태를 수습하는 것이 나은 옵션이 아닐까 합니다."

법무팀에서 또 한마디를 거들었다.

"그런데 그렇게 한다고 해서 해커가 검거되리라는 확신도 없고요. 일단 이번 저희 고객 정보 유출 규모가 커서 사내에서 누군가는 법적 책임을 져야 하는 상황이 올 수도 있습니다. 이 부분도 감안해야 하지 않을까 합니다."

마케팅 팀장도 의견을 밝혔다.

"마케팅 차원에서 이번 사건을 외부에 공표한다면 일이 너무 커진다고 봅니다. 경쟁사도 유사한 사건에서 위기관리에 상당히 어려움을 겪었습니다. 공표 없이 문제를 마무리할 수 있는 길은 어디 없을까요?"

홍보팀 정 팀장이 다시 강력하게 말했다.

"예전 같이 숨기기만 한다고 문제가 영원히 비밀로 남는다면 모르겠는데, 요즘은 그러지 않은 경우들이 더 많고, 최악의 경우 저희 회사의 포지션이나 주장의 근거가 아무 신뢰를 받지 못할 가능성이 많아서 숨기기는 어렵지 않나 합니다."

사장이 결론을 내렸다.

"오케이. 일단 해커들과 불투명하게 협상하는 일은 없는 것으로 합시다. 홍보팀은 CISO 측과 법무팀 등의 협조를 얻어 가능한 한 빨리 관련 보도 자료를 준비하세요. 필요하면 내가 나가서라도 기자회견을 하겠습니다. 정공법으로 갑시다. 숨겨서 해결될 일이 아니라면."

홍보팀은 또 바빠졌다. 기자회견과 관련해서 주관 및 유관 팀과 준비 회의를 했다. 대관과 법무팀 이야기를 들어 보니 회사에서 경찰에 해당 사실을 신고하면, 각종 정부 기관에서 고객 정보 유출 관련 조사를 나온다고 한다. 대관과 법무 그리고 CISO그룹에 일단 경찰 및 각종 규제 기관의 조사에 적극적으로 협조할 수 있도록 팀을 꾸려 달라고 요청했다. 관련해서 로펌을 부르고 정보 보안 자문사 컨설턴트들을 호출해 대응 협조팀을 꾸렸다.

홍보팀은 보도자료, 홈페이지 공지, Q&A 개발, 기자회견을 준비했다. 고객센터 팀장도 회의 직후부터 콜센터 상담요원들을 열 배 정도 확장했다. 홍보팀의 상담용 Q&A 골격이 만들어지면 각 상담 요원에게도 디자인되어 배포·공유될 예정이었다.

해킹 사실을 인지하고 해커로부터 협상 전화를 받은 지 여섯 시간이 지났다. 관련 부서에서 모든 준비가 어느 정도 완료되었다는 보고를 접하고 CISO, 법무, 대관, 기획, 홍보 팀장이 최고임원회의에 들어갔다.

"준비됐습니다. 이제 현재 시간부로 사고 사실을 외부와 공유하겠습니다."

사장이 최종 결정을 했다.

"오케이. 여러분의 결정을 존중합니다. 갑시다."

tip box

　많은 기업이 고객 정보 유출 위기를 IT 측면의 위기로 판단하고 그 발생 책임이나 사후 관리 체계를 IT 부서나 CISO 등에 전담하는데, 실제 위기가 발생하면 그런 역할분담이 현실적이 아니라는 것을 깨닫게 된다.
　고객 정보 유출관련 위기는 발생 이전에는 IT나 CISO의 관리책임이라는 게 분명하지만 일단 발생하고 나면 그 책임이나 관리 역할분담은 그들을 비롯해 법무, 대관, 기획, 마케팅, 홍보, 인사, 재무 등에 이르기까지 광범위하게 확산된다. 명실상부한 전사적 위기로 승화된다는 의미다.
　따라서 고객 정보 유출과 관련하여 평소 기업의 대비 형식은 IT 중심이라기보다 발생 상황을 전제로 한 전사적인 대응 시스템에 초점을 맞추는 것이 이상적이다. 통합 시뮬레이션을 통해 기업 정보 보안에 관한 전문성을 기반으로 CISO는 기술부분 조언을, 법무팀은 정보 보안 관련 법률 조언을, 대관팀은 규제 기관들의 활동에 기반한 대응 조언을, 홍보팀은 기존 사례를 중심으로 하는 커뮤니케이션 조언을 하는 체계를 잡는 것이 바람직하다.

소셜 위기는
가이드라인에 따라 대응

　최근 한두 달 동안 정 팀장이 처리해야 할 나쁜 이슈나 기사는 별로 없었다. 오랜만에 기자들과 웃으면서 마음 편히 소주도 한잔하고, 집에도 자정 이전에 들어갔다. 주말에는 기자들과 여러 회사 홍보 팀장들이 그룹을 만들어 시원하게 라운딩을 할 수 있는 시간도 가능해졌다. 아 이게 얼마만이야.
　게다가 지난주 새로 출시된 신제품이 아주 훌륭하게 언론의 주목을 받았다. 출시 기자간담회와 포토세션도 아주 성공적이었고, 연이어 사장에게 인터뷰들이 어레인지되어 나름 만족스러워하는 듯하다. 며칠 전부터 방송사 프로그램도 우리 신제품에 관심을 보여 주고 있어서, 홍보 팀원들은 즐거운 비명을 질렀다.
　계속 이대로 만족스럽게 일할 수 있다면 얼마나 좋아. 정 팀장은 회사 옥상에 올라가 담배 한 개비를 꺼내 물면서 기분 좋게 웃었다. 이미 이 여름에 연간 홍보팀 업무 수행 타깃을 모두 달성했고, 사장과 면담해서 새로운 타깃을 세우는 작업을 진행 중이니 이번 연말에는 보너스 좀 나올 것이고 우리 홍보팀 직원들 좀 따뜻하겠다는 생각이 절로 든다.

이때 휴대전화가 울렸다. 조 과장이었다.

"어, 조 과장 왜?"

"팀장님, 지금 빨리 내려와 보셔야 하겠습니다."

"응? 왜? 무슨 일이야?"

"빨리 내려와 주세요. 사무실에서 말씀드려야 해서요."

정 팀장은 계단을 달려 내려가면서 굉장한 일이 터졌겠구나 하는 동물적 감각이 일었다.

"왜? 왜? 뭐야?"

"팀장님, 저희 영업 지점들에서 신제품 홍보용으로 지구본 장식품을 배포했는데, 거기에 독도 표시가 없었다네요. 그래서 지금 네티즌들이 우리 회사 정신없는 회사라고…."

"무슨 말이야? 어떻게 지구본에 독도가 표시 안 돼 있어?"

"모르겠어요. 디자이너 실수인지, 원래 지구본이 문제인지."

"아무튼, 그래서 온라인에서 어떻게 난리가 난 거야?"

"네, 그러니까…."

사실 조 과장이 이야기를 해도 정 팀장은 이해하기 힘들었다. 내일모레 쉰을 바라보는 정 팀장은 최근에야 블로그가 무엇인지 조 팀장을 통해 대략 설명을 들었다. 매일 쓰는 사무 프로그램과 인트라넷이 정 팀장에게는 가장 익숙한 IT 혜택의 전부였다. 이메일 정도는 자유롭게 쓴다고 동창회에 나가면 신세대로 불리지만 솔직히 요즘 온라인 바닥은 이해하기 어려워서 접하기조차 어떨 때는 두렵다.

조 과장의 말인즉, 그 증정용 지구본에 대해 한 파워블로거가 문제를 제기했다는 것이다. 그 블로거가 우리 회사를 비판하는 상당히 부정적인 포스팅이 다음 미디어 블로거 뉴스에 탑으로 포스팅이 되었단다. 그리고 또 한 명의 소비자가 이와 비슷한 내용을 아고라에 올려 댓글이 오늘 아침부터 수천 건이 달렸단다. 트위터상에서는 말할 것도 없었다. 거의 대부분이 우리 회사를 비판하고, 회사의 소유 구조라던가, 심지어는 돌아가신 창립자의 친일 행적까지 의심하고…. 지금까지 논란이 됐던 이슈가 여러 네티즌에 의해 집대성돼 토론되고 있었다.

"그러면 이걸 어떻게 해야 하는 거지?"

정 팀장은 진땀이 흘렀다. 뭘 확실히 알아야 개입하지. 정 팀장이 아이디어를 냈다.

"조 과장, 처음 글 올린 사람을 한번 만나서 그 포스팅을 좀 빼 달라고 할까?"

조 과장의 얼굴이 어두워졌다.

"아니면, 다음 쪽에다가 전화해서 아고라인지 뭔지 그거 좀 어떻게 해 달라고 하면 안 돼?"

조 과장이 아무 말 없이 찬물을 마셨다.

"말을 좀 해 봐. 어떻게 해야 해?"

"팀장님, 저희가 할 수 있는 일은 거의 없습니다."

"뭐? 뭔 소리야, 광고를 주던가, 글 올린 놈한테 명예훼손 소송한다고 하던가, 그거 온라인에서 편집하는 선수들한테 육탄 돌격을 해서라도 진정을 시켜야지. 아, 우리 영업직원들한테 전부 공지해. 거기 아고라인지 뭔지에 들어가서 좀 해명 글도 올리고 그러라 그래. 트위터도 전사적으로 좀 해 보고!"

조 과장의 얼굴이 붉어지면서 한마디 했다.

"팀장님, 그건 절대 안 됩니다."

이때 IT 팀장으로부터 전화가 왔다.

"정 팀장님, 왜 우리 회사 홈페이지에 과부하가 걸리죠? 게시판이 거의 다운될 지경이에요. 뭐 지도가 어쩌고저쩌고 하는데 사람들이 왜 이러는 건가요?"

정 팀장은 조 과장에게 전화를 넘긴다.

"아, 팀장님, 지금 이런저런 일이 아고라하고 트위터에서 문제가 돼서 네티즌들이 항의 방문을 하고 있는 것 같습니다. 네, 네."

정 팀장은 답답해서 소리쳤다.

"조 과장, IT쪽에다가 잠시 우리 홈페이지 닫으라고 해. 게시판 댓글들 싹 지워 버리던가."

"팀장님, 안 돼요. 제발."

갑갑하다. 정 팀장은 이 사건을 하소연할 데가 없다는 걸 느끼면서 점점 더 까마득해진다. 조 과장은 홈페이지에 포스팅할 공식 사과문을 만든다고 영업팀, 법무팀과 IT팀 실무진들과 긴급회의를 하러 갔다. 그래도 아직 그나마 젊은 조 과장이 있어서 얼마나 다행인가.

책상에 앉아서 심란하게 아고라 댓글을 읽고 있는데 영업 상무로부터 전화가 왔다.

"이봐, 정 팀장. 당신 뭐 하는 거야? 우리 아들이 그러는데 우리 회사 때문에 트위터가 난리 났다는데 대체 뭐하고 있어?"

"열심히 지금 작업 중입니다."

작업은 무슨 작업. 그냥 상무의 전화를 끊으려고 한 말이었나.

기획 부사장이 또 전화를 해 왔다.

"정 팀장. 지금 온라인에서 무슨 일이 일어나고 있는지 알아요? 대책 없어? 이 영업 쪽에서 이런 문제 일으킨 게 누구야? 영업 부사장은 이거 아나?"

"네, 알고 계십니다. 노력하고 있습니다."

마케팅 상무가 심각한 표정으로 정 팀장에게 다가왔다.

"정 팀장님, 지금 우리 마케팅 담당자 회사 메일로도 난리가 났어요. 심지어 우리 광고 대행사랑 프로모션 대행사도 항의 전화를 해요. 이거 어쩔 겁니까?"

정 팀장은 갑자기 더는 못 참겠다는 생각이 든다.

"아니, 상무님, 사실 이게 홍보팀 문제입니까? 영업 쪽에서 사려 깊지 못하게 이렇게 일 처리한 게 문제 아닙니까? 마케팅에서도 그런 제작물 있으면 필터링을 해 줘야 했던 거지요. 안 그래요?"

박 상무는 얼굴이 굳어졌다.

"아니, 정 팀장, 홍보팀이 어느 부서 돈 가지고 일합니까? 지금. 솔직히 지면 광고 계획 없어도 홍보팀 면 세워 주려고 계획 바꿔 가면서 도와주는데, 지금 홍보팀에서 우리에게 이러면 됩니까?"

"아, 저… 아니, 그냥 제가 흥분해서 그렇습니다. 일이 하도 꼬여서요. 죄송합니다."

정 팀장은 금연인 사무실에서 담배를 꺼내 물었다. 불은 감히 못 붙이고 혼자 뇌까렸다.

"홍보팀 면을 세워 주려고 회사 광고비를 지출한다고? 홍보 팀장이 뭐 자연인이야? 회사를 위한 거니까 하는 거지. 나를 보고 하는 거야? ×××."

홍보 담당자들이 모여서 이야기하면 종종 "백번 잘해도 필요 없더라. 한 방이면 홍보팀은 간다."는 자조 섞인 말을 하곤 한다. 아무리 신제품 출시를 잘 지원해 주었어도, 시장의 루머를 잠재워 주어도, 경쟁사를 언론 플레이를 통해 견제해서 영업 시장에 숨통을 틔워 주어도 부정적인 기사 하나 못 막거나 온라인에서 '우당탕' 한 번이면 홍보 팀원은 다 바보가 된다.

tip box

많은 기업 소셜 미디어 관리자들은 조직에서 시니어라기보다 주니어인 경우가 많다. 또한 기업 커뮤니케이션 업무를 진행한 경험보다 직접 기업 소셜 미디어를 관리한 경험이 더 많다. 기본적으로 기업 커뮤니케이션을 진행하는 인력들은 훈련받아야 하고, 가이드라인에 따라 엄격히 커뮤니케이션을 관리해야 할 사명을 가지고 있다.

기업 소셜 미디어 운영 가이드라인
- 평소 기업 소셜 미디어 운영목적을 확정한다.
- 기업 소셜 미디어별로 운영자 프로파일을 정확하게 정리한다.
- 공식 채널인지 아닌지 확정한다.
- 기업 트위터 계정 오픈 직후 초기 팔로워 그룹을 주의 깊게 관리한다.
- 타임라인을 균등하게 분배한다.
- 트위터를 하는 툴을 주목한다.
- 위기 시 모든 메시지는 기업 공식 메시지다워야 한다.
- 감정을 다스리고, 싸워서는 안 된다.
- 아르바이트 인력을 쓰지 않는다.
- 트위터 RT나 답변의 기준에 주의한다.
- 트위터 길이에 주의한다.
- 기업 소셜 미디어 계정 운영을 개인화하지 않는다.
- 스스로 과도한 임파워먼트를 과시하지 않는다.
- FAQ 등을 중심으로 토론 플랫폼을 만든다.
- 위기 시에는 더욱더 정확한 핵심 메시지를 가진다.
- 펑거포인팅 금지하고 전선을 넓히지 않는다.

- 구어체와 트문어체를 섞어 쓰지 않는다.
- 정확한 팩트로 이야기한다. 진실은 주관적이다.
- 공식 트위터가 나서 상대방들의 신상을 털지 않는다.
- 모든 면에서 상식적이어야 한다.
- 추측, 가정, 과장하지 않는다.
- 가능한 부정적으로 이야기하지 않는다.
- 기업 소셜 미디어에서 논쟁하지 않는다.
- 가능한 언론 관계 경험을 가진 사람이 리드한다.
- 위기 시 혼자 대응하지 않는다.
- 회사가 위기에 빠졌는데 즐겁게 떠들어서는 안 된다.
- 침묵하지 않는다.
- 숨지 않는다. 소셜상에서 평소 과도하리만치 떠들다가 위기 상황에서 사라지지 않는다.

---

* 정용민의 위기관리 커뮤니케이션 블로그
communications as ikor : www.jameschung.kr/2198 참조.

매일유업의 교과서적인 위기관리

maeil* 황색포도상구균 검출 논란에 교과서적인 매일유업의 대응

2011년 3월 4일 금요일 새벽 4시경. 국립수의과학검역원은 매일유업의 '앱솔루트 프리미엄 명작 플러스-2'에서 식중독을 유발하는 황색포도상구균이 검출되었다는 보도자료를 배포했다. 새벽녘, 보도자료 배포에 매일유업을 비롯한 업계는 상당히 놀랐다.

이에 대응해 4일 오전 매일유업은 '자체 조사 결과 포도상구균이 전혀 발견되지 않았다.'는 빠른 반박 보도자료를 냈다. 그러나 소비자 안전상의 문제로 해당 제품은 긴급 수거한다고 발표했다. 홈페이지 팝업을 통해서도 '포도상구균이 두 차례의 열처리 과정에서 살아있다는 것은 불가능하다.'라고 적극적인 반론을 제기했다. 또한 국립수의과학검역원에서 황색포도상구균이 나왔다는 발표가 나오자 마자 매일유업은 즉각 대응에 나섰다. 문제가 없다는 사실을 밝히기 위해 한국식품연구소, 건국대학교 수의과대학 등 열한 개 외부 검사기관에 동종 분유에 대한 식중독균 검출 재검사를 의뢰했다.

월요일인 7일, 매일유업은 종합일간지 및 경제지의 광고를 통해 '매일분유, 절대 안심하셔도 됩니다.'라는 메시지를 강조했다. 홈페이지 내에 다시 두 번째 팝업을 띄워 국립수의과학검역원 발표와 관련된 Q&A를 자세하게 게시하면서 하나하나 식중독균 검출 사건에 대해 반박해 나갔다. 이 팝업창 속에는 국립수의과학검역원 발표와 관련한 Q&A와 함께 논란이 된 해당 제품 보도 관련 Q&A가 제공되었다. 기타 관련 제품과 관련한 다양한 Q&A를 실어 소비자들과 적극적으로 커뮤니케이션을 시도했다.

이와 함께 매일유업 공식 트위터 계정을 비롯한 소셜 미디어 채널을 통해 소셜 공중과 매일유업 홈페이지에 게시된 다양한 정보를 연결했다. 동시에 홈페이지 팝업창에는 고객상담실의 온라인 접수창을 만들어 소비자들의 모든 불편 사항을 온라인으로 실시간 접수하는 등 지속적인 성의를 보였다.

결국 매일유업이 의뢰한 재검사 결과는 '이상 무'였다. 매일유업은 보도자료와 홈페이지 팝업창 그리고 기업 공식 소셜 미디어 채널을 통해 '열한 개 검사기관의 검사에서 (황색포도상구균이) 모두 불검출 되었습니다.'는 메시지를 통합적으로 전달했다. 이와 함께 매일유업 임직원 일동의 명의로 '고객 여러분께 심려를 끼쳐 드려 죄송합니다. 일주일의 기다림 끝에, 매일분유는 열한 개 검사기관으로부터 모두 안전하다는 결과를 받았습니다.'는 메시지를 강조했다. 최동욱 매일유업 사장은 검출 유무를 떠나 문제를 일으킨 데 대해 사과한다는 동영상을 내보내 소비자를 안심시켰다.

핵심 전략

전사적 위기관리 노하우를 과시한 매일유업

1. 매일유업을 비롯한 식품업계들은 일반적으로 성분 논란 등에 관련해 기본적인 대응 시스템을 가지고 있다. 특히 이번 케이스에서 매일유업은 빠르게 상황을 진단하고 자사의 품질과 안전 관리 수준에 강력한 확신을 가졌다는 점에 주목해야 한다. 대부분의 기업이 갑작스럽게 이슈나 위기에 빠지면 최초 상황 파악과 입장 정리를 해야 하는데도 어떻게 해야 할지 확신을 가지지 못하고 주저하게 되는데 매일유업은 달랐다.

2. 제3자 인증 기관을 상당히 폭넓게 선정하고, 빨리 재검사 의뢰를 한 프로세스에 주목하라. 자사의 입장과 반박 논리에 힘을 실어 줄 외부공인검사기관과의 관계와 평소 관리 부분에서도 다른 기업이 벤치마킹할 수 있는 부분이다. 이미 준비되어 있어야 빠르다는 인사이트를 반복해서 보여 주고 있다.

3. 오프라인 보도자료와 홈페이지 그리고 소셜 미디어 채널의 통합적인 관리 부분도 상당한 강점이다. 일반 기업이 오프라인과 온라인 간에 통합적인 관리가 부족하다던가, 오프라인과 소셜 미디어 간에 연결이 누락되는 등의 실무적인 문제를 보이는 데 비해, 매일유업은 내부적으로 외부 커뮤니케이션 채널에 대한 온오프를 망라한 통합적인 관리 노력이 엿보였다.

4. 매일유업의 상기 위기관리에 있어 가장 독특한 부분은 자사 홈페이지에 충분하고 제대로 구조화된 논란 관련 Q&A를 빨리 개발해 공지하고 유지 관리했다는 점이다. 자사 공식 소셜 미디어 채널을 통해 논란에 관심이 있는 공중을 해당 홈페이지의 Q&A에 방문하도록 유도해 필자가 이야기하는 홈페이지의 해우소解憂所 역할을 부여해 불필요한 추측과 논란을 수렴하는 동시에 추가적으로 문제가 확산하는 사태를 방지했다. 이와 함께 소비자들의 불만이나 우려를 적극적으로 듣고 해결하려는 노력을 홈페이지를 통해 지속적이고도 전문적으로 투입했다. 이 부분에서 고객 상담실의 위기관리 노하우와 전문성을 엿볼 수 있다.

5. 전반적으로 유사한 논란과 이슈를 많이 관리해 본 경험을 통한 역량과 시스템적인 투자, 각 부서의 전문성 확보와 협업망 체계를 통해 심각할 수 있었던 논란을 상당히 빠르고 적극적으로 반박해 상쇄시킨 케이스다. 위기관리 노하우의 전사적인 구현이라고 보아도 손색이 없다.

위기관리의 패러독스
위기에 민감하라
사회적 책임과 정직이 무기
침묵은 금이 아니다
예산이 있어야 위기관리에 성공한다
체계적인 정보 공유
위기관리는 단체전, 개인전으로 이길 수 없다

위기관리
너무 잘해도
독이 된다

4

위기관리는 단체전이다.
위기를 둘러싼 이해관계자들을 모아 놓으면
큰 단체를 이룰 만큼 다양하고 많기 때문이다.
이에 대응하는 기업의 실무자들 또한 단체여야 한다.

위기관리의
패러독스

　행복주식회사 홍보팀 정 팀장. 업무 평가 기간이다. 사장이 정 팀장을 불러 여러 이야기를 한다.
　"작년부터 올해 초까지 홍보팀에서 잘한 것 같은데. 특종TV에서 취재를 나온 것은 문제였다. 왜 TV 방송 프로그램 하나 제대로 관리를 못 하나. 홍보팀에 그런 걸 잘 막아 줘야 마케팅이나 영업이 더욱 힘을 받아 일을 할 수 있잖나."
　정 팀장은 식은땀을 흘리면서 변명 아닌 변명을 한다.
　"사장님, 사실 그것도 저희가 사전에 그쪽 취재진과 어느 정도 이야기를 나눠 그나마 그 정도로 단순 보도된 것입니다. 원래 상당히 심도 있게 취재를 하겠다고 해서 저희 홍보팀이 애 많이 썼습니다."
　사장은 머리를 좌우로 저으며 다시 한 번 말했다.

"우리가 살기 위해서는 홍보팀이 더욱더 열심히 해야 한다고 봅니다. TV나 신문이 우리 회사에 대해 부정적 기사나 보도를 하는 것을 완벽하게 막아 내야 자격이 있어요. 올해와 내년에는 부정적 기사 영 퍼센트를 기대합니다."

정 팀장은 사장실을 나서면서 한숨을 내쉰다.

'사실 말이 나왔으니까 말이지. 우리 홍보팀에서 사전에 막아 낸 위기가 얼마나 많아. TV 취재만 해도 올해 들어서 대여섯 번이었는데 홍보팀 직원들을 지방까지 파견해 가면서 막아 냈는데 그런 부분은 하나도 인정 안 해 주니 정말 섭섭하군.'

정 팀장이 이끄는 홍보팀 인원은 총 열 명이나. 이늘 중에 주로 언론에 대응하면서 이른바 언론 위기관리를 하는 직원들은 정 팀장을 포함해 다섯 명이다. 정 팀장은 물론, 이들 중 몇몇은 한 달에도 대여섯 번씩 벌어지는 위기 상황으로 집에 들어가지 못하는 경우가 다반사다. 일부는 지방지와 지역방송사를 대상으로 인맥을 엮어 가면서 위기에 대비하고 있다. 당연히 해당 지역에서 이슈가 발생하면 바로 지역에 투입되고 2~3일간 현지에서 고군분투한다.

각종 지점과 영업 현장에서의 문제, 소비자 불만과 고발, 마케팅 프로모션을 하면서 벌어지는 각종 논란과 트러블이 주요 위기 요소다. 화난 소비자까지 커버하지 못해도, 이에 주목하는 언론사 기자를 커버해야 한다. 소비자만족팀에서나마 초기에 일을 잘 처리해 주면 홍보팀의 잡일이 줄어들 텐데, 백 건 중에 대여섯 건은 홍보팀이 도맡아 해결해야 하는 중증 컴플레인이니 어쩔 수 없다.

이런 위기를 정 팀장과 나머지 인력이 열심히 방어 아닌 방어를 하고 있는데 정 팀장은 그 결과에 대해서 평가를 제대로 못 받는다는 것이 좀 억울하다. 열을 잘 막아 내도 하나만 자칫 잘못 막으면 완전히 사내에서 역적이 되는 신세다. 일 잘한다는 평가도 위기관리 실패 한 번으로 모두 도루묵이 된다.

홍보팀 직원 시이에서 이런 말이 돈다.

"차라리 우리가 위기 아홉을 못 막아 내다가 하나만 제대로 막는 것이 더 좋은 평가를 받을 것 같습니다."

예전에 정 팀장이 초급 직원 시절에는 선배들이 일부러 위기를 초기에 막지 않는 트릭을 부리기도 했다. 그때 홍보 팀장이었던 왕 팀장은 종종 이런 말을 했다.

"위기 초기에 아주 깨끗하게 해결해 버리면 사후에 우리 존재가 중요하다는 사실을 알릴 수 없어. 그러니 어느 정도 위기를 바라보다가 사내에서 문제의식을 깨닫게 되면 그때 구원투수처럼 나타나는 것이 우리를 위해 더 나은 방법이야."

정 팀장은 그 선배의 이야기에 담긴 뜻을 다시 한 번 기억하며 고개를 끄덕인다.

'아, 그래서 그때 심각한 위기였는데도 상사들은 그렇게 느릿느릿 대응했구나. 그게 사는 길이었어.'

이렇게 혼잣말을 했다.

tip box

위기관리에는 몇 가지 역설Paradox이 있다. 해당 부서가 사전에 위기를 잘 발견해 조치를 취하거나 해결하고 관리해 내면, 조직에서는 그 위기가 '원래 위기가 아니었다.'라고 여긴다. 힘들여 성공적으로 위기관리를 한 직원들은 아무런 보상을 받지 못한다.

반대로 위기를 사전에 모니터링하지 못하거나, 대응 조치의 시기를 놓쳐서 실제 위기로 조직에 충격을 가한 위기에 대해서는 사후에 위기관리가 진행된다. 그리고 위기관리가 해결되면 해당 조직은 위기관리를 잘했다는 평가를 받는다. 이러면 당연히 직원들은 사전 위기 방지 활동이나 초기 대응에 대해서 평소에는 별반 관심을 끊게 마련이다. 아무리 일선에서 고생을 해도 "그런 일이 있었어? 해결된 거 보니 별것 아니군." 하는 반응이나 평가가 보이니 고생한 보람이 없다.

전문가들은 '위기는 사전에 방지하는 것이 최선'이라고 말하지만, 현실성이 없는 말이다. 현실에서는 차라리 '가시적이고 실제적인 임팩트가 없는 위기는 위기가 아니다.'라는 주장이 더 설득력 있다. 특히 사장의 피부에 닿지 않는 위기는 위기가 될 수 없다. 그러므로 사장이 피부로 느끼는 위기관리도 필요하다.

위기관리 매니저 측면에서는 가능한 한 조직을 위기에 민감한 조직으로 지속 발전시키는 활동이 필요하다. 그 하나의 방법은 동종 업종이나 타 업종에서 자사에도 발생할 수 있는 실제 사례를 그때그때 분석해서 여러 인사이트와 벤치마킹할 사항을 정리해 정기적으로 경영진에게 보고하고 공유하는 활동을 하는 것이다. 정기적으로 이슈 및 위기 요소 관리 미팅을 어레인지하고 그 시간 일부에 최근 타사 위기관리 사례 분석을 공유하도록 하자.

위기에
민감하라

　정 팀장이 항상 입에 달고 사는 위기관리. 하지만 회사 직원들은 그에 대한 의식이 희박한 것 같다. 항상 기자가 전화하기 전에 사내에 보고되는 위기는 없다. 일선 영업점에서는 항상 지점장이나 직원들이 쉬쉬하면서 일을 처리해 무마하려고 한다.

　큰일이 발생하면 언론이 가장 먼저 안다. 그럴 때마다 영업 임원과 해당 일선 책임자들에게 "어떻게 된 일인가? 왜 홍보팀과 사전에 공유하지 않았나?" 하면 항상 이런 답변이 돌아온다.

　"매번 그런 사항 다 홍보팀과 공유하면 홍보팀 일 너무 많아 못 합니다."

　정 팀장은 이래서 항상 속이 탄다.

　법무팀은 더하다. 가끔 검찰 출입 기자로부터 전화를 받고 회사와 관련한 소송 건에 대해 법무팀에 문의하면 항상 이런 답변을 전해 받는다.

"관련 소송에 대해서 언론에 이야기하지 마세요. 알려 줄 수 없습니다."

하지만 언론에서는 이미 관련 사실을 모두 기사화하겠다며 확인 취재를 하고 있다. 가운데에서 정 팀장이 할 수 있는 일은 거의 없다.

미리 해당 소송 정보를 홍보팀과 공유했더라면 대응이 이렇게까지 지지부진하지 않았을 텐데 안타깝다. 법무팀과 로펌 쪽에서는 무슨 비밀이 그렇게도 많은지 항상 쉬쉬한다. 위기가 발생했을 때에도 절대 자신들은 책임을 지거나 바삐 움직이지 않는다. 번지르르한 일은 자신들이 하고, 항상 불리하고 어려운 일은 홍보팀으로 보내는 미운 동료들이다.

사장도 그런다. 무슨 일이 발생해 홍보팀이 갑자기 뒤집어질 정도가 되면 전화를 걸어와 한마디 한다.

"어? 내가 그거 홍보팀에 설명 안 해 줬나? 깜박했네. 최대한 정 팀장이 힘 좀 써 봐. 그건 언론에 나가면 안 되는 건데 말이야. 기사 빼, 광고 준다고 하고!"

정 팀장은 한숨만 나온다. 아무리 언론이 어떤지 설명해도 삼십 년 전 사고를 벗지 못하는 사장이다.

조직 전체가 위기에 민감하지 않다. 큰 사건이 발생해 언론의 도마 위에 올라갈 일이 생기면 그때만 왈가왈부하다가 해당 사건이 지나가면 또 사내의 모든 민감성은 사라진다. 얼마 전 소비자고발 프로그램에서 한 번 된서리를 맞고 난 직후에는 사장부터 일선 직원들까지 언론이 무섭다는 것을 아는 듯하다가, 몇 달이 지난 지금 다시 이전으로 돌아갔다.

일선에 소비자고발프로그램 취재진이 접촉을 시도하면 항상 홍보팀에 먼저 연락한 후 접촉하거나 홍보팀으로 연결해 상황을 파악할 수 있게 해 달라고 수백 번 이야기했다. 공문을 보내 그렇게 하지 않은 언론 접촉에 대해서는 홍보팀도 책임질 수 없고, 해당 직원을 문책할 수 있다고 경고까지 했다. 하지만 몇 주 후, 모 TV 소비자고발 프로그램에는 누가 봐도 우리 직원으로 보이는 사람이 하지 말아야 할 이야기를 주절주절 떠드는 모습이 그대로 방송됐다. 정 팀장은 기겁해서 해당 일선 직원에게 전화를 돌려 강력히 경고했다. 그때 일선 직원은 심드렁한 반응을 보이면서 이렇게 말했다.

"팀장님도 한번 당해 보세요. 몰래카메라 숨겨 들어왔는지 우리가 어떻게 압니까? 몇 가지만 묻겠다고 해서 그러라고 한 것뿐인데…. 팀장님이라도 우리하고 달랐겠어요? 우리도 피해자입니다."

정 팀장은 할 말이 없다. 회사 내에서는 항상 언론 취재를 당하면 모든 인터뷰를 진행하고 자료까지 건네준 후 일반적으로 사후 보고를 한다. 그것도 취재를 당한 그날, 직접 보고하는 것이 아니라 여러 단계를 거쳐서 며칠 후 홍보팀으로 흘러 들어오는 경우도 다반사다. 그때쯤이면 항상 홍보팀은 할 수 있는 일이 없게 되기 마련이다.

정 팀장이 더 황당했던 일은 언론 앞에서 실수를 하거나 사려 깊지 못한 언행을 한 직원들이 자신들도 피해자라고 주장했던 부분이다. 사장부터 일선 직원들은 언론사와 기자들을 아주 질이 나쁜 종류의 인간으로 치부한다. 아무리 설명하고 메커니즘을 이해시키려고 설득해도 결국 "그래도 우리는 기자가 싫다!"라고 말한다.

사장도 항상 소비자고발 프로그램을 언급하면서 "그런 식으로 취재하는 것이 언론사가 할 짓이야? 그런 막가파식 취재는 법적으로 문제없나? 일반 기업들이 힘을 합쳐서 그런 프로그램들 없애기 운동이라도 해야겠어." 한다. 우리가 잘못한 부분에 대해서 별반 의견이 없다.

그렇기에 정 팀장은 항상 고민이 많다. 언론은 언론의 일을 그대로 하고 있는데 반해 우리 회사는 우리가 해야 할 일을 제대로 하지 않아서 문제라고 생각한다. 항상 그런 언론을 탓하기만 할 뿐 우리가 민감하게 여기고 적극적으로 대응할 생각은 하지 않는다.

누구도 회사를 위해 어떤 위기대응 시스템이 필요한지 관심 갖지 않는다. 항상 벌어지는 위기를 어떻게 내부 보고하고, 공유하고, 전략을 만들어 대응할까 하는 생각이 부족하다. 그 이전에 위기관리라는 것이 자신들이 함께해야 할 일이라는 생각도 없다. 위기가 발생하면 언론에서 꼬치꼬치 캐물어 오니까 홍보팀만 열심히 막아 내면 어느 정도 무마된다고 간단히 생각한다.

홍보팀 자체에서 만들어 내는 위기는 없는데, 사내에 위기가 발생하면 항상 홍보팀만 바쁘다. 이물질이 나와도, 소비자가 소송을 걸어도, 공정위나 국세청 조사를 받아도, 회사가 악성 루머에 휩싸여도 항상 홍보팀만 동분서주한다.

정 팀장은 조직이 좀 더 민감해졌으면 한다. 같은 생각을 공유하면서 모든 부분에서 세련되게 개선할 수 있으면 한다. 지금보다 더 많이 서로 소통하고 공유하면서 진짜 위기에 철저하게 대비할 수 있는 날이 오기를 정 팀장은 항상 기대한다.

tip box

위기관리팀(또는 위기관리 위원회, 비상대책팀)이 먼저 민감해져야 한다. 기업의 위기관리 전반을 결정하고 리드하는 위기관리 위원회를 대상으로 하는 집중적인 위기관리 시뮬레이션이 한 방법이 될 수 있다. 실제 앞으로 다가올 위기를 가지고 미리 현실과 유사한 환경에서 전반적인 위기관리 활동을 진행해 보는 것이다.

시뮬레이션 시에는 외부 컨설턴트들이 해당 위기와 관련한 주요 이해관계자 역할을 하게 된다. 기업의 위기관리 위원회는 위기를 관리할 준비를 한 채 위기통제센터에 모여 상황 대기를 한다. 외부 이해관계자 역할을 하는 컨설턴트들은 그 옆인 컨트롤룸Control room에 모여 상황에 따른 기업위기관리 위원회 공격을 준비한다.

상황에 대한 설명을 하는 시나리오가 하달되면 그때부터 위기관리 위원회는 상황 분석과 대응 전략 결정 프로세스를 진행한다. 이후 대응 활동을 지시하고 대응 준비를 한다. 일정 시간 후 외부 이해관계자들이 각자 상황에 따른 입장을 전달해 오면서 커뮤니케이션을 시도한다. 이에 대해 해당 위기관리 위원회가 통합적인 대응을 할 수 있는지 함께 경험해 본다. 이런 시뮬레이션은 다양하게 심화된 시나리오를 가지고 적게는 네 시간에서 많게는 여덟 시간까지 진행한다. 상당한 스트레스와 심각한 위기관리 업무가 집중되는 상황을 연출해 경험하게 한다. 조직의 위기 민감성을 제고하는 데에는 이만한 것이 없다.

사회적 책임과
정직이 무기

정 팀장은 사장으로부터 긴급회의에 참석하라는 지시를 받았다.
"일정에 없던 긴급회의라는 게 뭐야?"
정 팀장이 회의실로 들어가니 모든 부사장들이 모여 두런두런 이야기를 나누고 있다. 무슨 큰 프로젝트가 떨어진 것일까? 사장이 회의실로 들어선다.
"일부 인지하고 있겠지만 미국 지사 관계 연구기관에 의하면 우리 음료 제품에서 인체에 유해한 성분이 검출되었다고 합니다. 지난 십여 년간 전 세계에서 잘 판매되고 있던 제품이라 이 사실이 소비자들에게 알려지면 큰 문제가 생길 거예요. 이에 대한 우리 입장을 정리해야 할 것 같습니다."
기획 부사장이 물었다.

"판매를 중단한다던가 하는 결정 말인가요?"

사장이 고개를 끄덕인다. 영업 부사장이 나섰다.

"사장도 아시겠지만, 지금같이 어려운 시기에 이 제품을 사내 연구기관 실험 결과만을 가지고 접는다는 것이… 일단 좀 더 지켜보는 것이 좋을 듯합니다."

사내 변호사이자 법무 부사장이 나섰다.

"간단하게 볼 문제는 아닌 듯합니다. 자칫 나중에라도 소비자단체나 정부기관에 이 사실이 알려지면 소송이 걸릴 것은 불 보듯 뻔합니다. 가능한 한 이런 위험을 사전에 방지할 수 있게…."

이때 마케팅 부사장이 나섰다.

"어차피 글로벌 차원으로 결정할 문제인데…. 당장 중요한 것은 올해 4분기와 내년까지 걸친 이 제품 마케팅 예산을 내부적으로 조정해야 하는가가 더 시급한 문제라고 봅니다. 중장기적인 제품 포트폴리오도 다시 조정해야 할 듯합니다."

사장은 한숨을 쉬면서 홍보 팀장을 바라보며 이야기했다.

"정 팀장, 이 정보가 언론에 유출되는 일이 없었으면 합니다. 미국 지사에서도 극도의 비밀 준수를 요하고 있어요. 문제는 극한 상황에 대비해야 한다는 것인데. 다른 지역 지사에서 이런 정보가 언론에 유출된다면 우리나라도 예외는 아니겠지요?"

정 팀장은 숨이 가빠지는 것을 느꼈다.

"사장님, 이것은 엄청난 뉴스입니다. 이 제품은 우리 전체 국민의 건강과도 관계가 있는 이슈입니다. 만약 수동적으로 대처하다가 정보가 유출되고 문제가 확산되면 극단적인 결말이 예상됩니다."

사장은 고개를 끄떡이면서 말했다.

"아무튼 알겠습니다. 각자 부문에서 필요한 대응 프로세스를 정리해 기획 쪽에서 취합해 보고 바랍니다. 이상."

부사장들은 회의실을 나서면서 고개를 갸우뚱한다.

"아니 무슨 방향으로 가자고 결정된 것이 있어야 대응 프로세스를 세우지?"

한 임원이 한마디 거든다.

"그 제품을 접어야 우리가 사는 것 아니야? 지금까지 판매된 것들은 다 어쩔 것이야. 하루라도 빨리 접어야 나중에 힘이 덜 들걸."

정 팀장은 고민이 더 많아졌다. 출입 기자들에게 지금까지 전달했던 많은 자료와 토킹 포인트가 죄다 거짓말이 돼 버렸기 때문이다. 팀원들에게도 내부적으로 A음료에 대해서는 기자들에게 더는 정보를 릴리스하지 마라고 지시했다. 그러나 그 제품을 빼고 다른 제품군들에 대해서는 딱히 할 이야기가 없다는 사실을 알기 때문에 모두 의아해했다.

며칠 후 부사장이 정 팀장을 사장실로 불렀다.

"정 팀장, 결정을 내렸네. 일단 북미와 유럽 부문에서는 해당 제품 판매를 단계적으로 접기로 했네. 향후 일이 년 내에 정리할 계획이고 대신 B 제품이 그 뒤를 이을 예정이야. 문제는 우리나라지. 동남아시아국들과 한국은 되도록 해당 제품의 판매를 인위적으로 축소하지 않는 것이 어떨까 해. 가능하면 판매를 지속해야겠다고 하네.

앞으로 약간 힘들어질 것 같아."

정 팀장은 이해할 수 없었다.

"그러면 다른 부문도 마찬가지지만 저희 홍보 쪽에서는 어떤 포지션을 취해야 할까요? 기자들이 그 제품을 우리나라에서 가장 환경친화적인 제품으로 인식하고 있고, 소비자들도 믿고 있는데요. 또 해외에서 분명히 논란이 될 테고 그것을 국내 언론이 가만히 앉아서 보고만 있지 않을 텐데 말입니다."

부사장은 고개를 끄덕이면서 말했다.

"조만간 국내 사업부에 특별 예산이 떨어질 거네. 이 예산으로 미디어 트레이닝인가 뭐 그런 걸 좀 하고, 위기관리 시스템을 구축하도록 하지. 또 일부 예산은 기자들 관리에 사전 추진하도록 하고."

정 팀장은 답답한 듯이 말했다.

"부사장님, 일단 포지션이 서야 미디어 트레이닝도 가능하다고 생각합니다. 계속 이런 시한폭탄을 가져간다는 것은 너무 위험합니다. 위기관리 시스템도 이런 상황에서는 그렇게 큰 역할을 발휘할 것이라고 보지 않습니다. 또 기자들이 갑자기 뜬금없는 스킨십을 받아 줄지도 모르고 괜히 긁어 부스럼이라도 되면…."

부사장은 단호했다.

"사장님 지시 사항이니 앞으로 홍보 쪽은 내가 신경 쓰지 않게 해 주세요. 세부 예산 사용 계획 짜서 컨펌받아 주고. 이상."

정 팀장은 부사장실을 나서면서 여러 시나리오를 머릿속에 떠올렸다. 답이 안 나왔다.

정 팀장은 선배에게 전화를 했다. 위기관리 컨설턴트로 미디어 트레이닝과 위기관리 커뮤니케이션 코치다.

"선배, 잠깐 만나서 마음에 있는 이야기 좀 합시다."

비밀준수계약서에 사인하기에는 좀 모호한 사이다. 두 사람 간의 신의를 믿고 전문가 대 전문가로서 비밀을 지키기로 했다. 그 선배의 조언은 단 하나였다.

"정직해야 한다."

정 팀장은 고개를 끄덕였다. 다시 질문을 했다.

"어떻게 정직할 수가 있지요? 글로벌 차원에서의 포지션이 그렇게 결정되었는데, 내 개인의 정직함이 어떤 의미가 있단 말입니까? 기자들에게 그냥 정직하게 이야기할 수는 없잖습니까?"

선배가 이야기했다.

"상황과 포지션이 허락하는 내에서라도 정직해. 앞으로는 더욱 커뮤니케이션 메시지에 있어서 세부적인 고려가 더해져야 하지. 문제 부분에 대해서는 절대 언급하지 않는 것이 핵심이야. 사실을 덮으려고 또 다른 거짓말을 하면 안 돼. 가능한 한 원칙만을 이야기하는 것이 좋겠어."

"그런 로우 프로파일low profile보다 좋은 것은 해당 제품의 판매에 대해 다시 한 번 생각하는 거야. 홍보 레벨이 아닌 전사적 공감대를 가지고 사회적 책임을 다하는 거지."

정 팀장은 고개를 끄덕였다. 밤늦게 집으로 돌아오는 차 안에서 정 팀장은 혼자 중얼거렸다.

"매장의 냅킨에 대해 소비자들이 흡수력이 너무 떨어진다고 개선해 달라는 의견을 냈을 때도, 무슨 컴플레인이 그리 많냐 무시했는데. 그것이 먹힐 리가 없지. 그게 바로 우리 포지션인걸…."

tip box

모든 기업에 올바른 기업철학이 있어야 할 필요는 없다. 시장이 올바르지 않은 기업은 심판해 줄 것이라는 믿음이 있기 때문이다. 그러나 현실에서 소비자를 향한 올바른 철학을 가지지 않는 기업도 어느 정도 성공하는 현상을 목격한다.

위기관리도 마찬가지다. 잠깐 성공하는 것은 가능하지만, 결국 극단적인 결과를 초래하고 마는 위기관리가 종종 있다. 홍보 부문은 이 과정에서 신뢰를 몽땅 잃고, 윤리적인 공격의 주요 대상이 된다. 아무리 시스템이나 트레이닝을 외쳐도 포지션이 잘못되면 아무 소용없다. 잘못된 포지션은 홍보팀에 있어 독약이나 마찬가지다. 기술적으로 보아 성공하는 기업의 위기관리 포지션은 항상 공중 여론과 일치한다.

기업의 입장을 곧 공중의 입장과 같게 설정하는 것이다. 기업이 하고 싶은 이야기를 하기 전에 공중이 그 기업으로부터 듣고 싶어 하는 이야기를 먼저 충분히 하는 것이 성공적인 포지션 기술이다. 충분한 공감을 이루는 입장 정리가 가장 핵심이라는 말이다.

침묵은 금이 아니다

정 팀장은 오늘 아침 정보 보고를 보고 깜짝 놀랐다. 정 팀장의 회사가 검찰 내사를 받고 있다는 정보였다. 그 정보 보고에 따르면, 정 팀장네 회사가 일부 제품의 수입 및 수출물량 처리 과정에서 비자금을 조성했다는 혐의를 받고 있었다.

정 팀장은 법무 팀장에게 전화했다.

"팀장님, 오늘 정보 보고에서 이상한 소문이 도는데 검찰이 관련된 게 사실입니까? 아직 기자들은 모르는 것 같은데 기자들에게 연락 오기 시작하면 뭐라고 답변하죠?"

법무 팀장이 헛기침을 하면서 답변했다.

"지금 우리 부사장이 미국 출장 중이라서 자세히 보고하지 못했는데 일단은 사실이 아닌 것 같아요. 너무 걱정하지 마세요."

정 팀장이 다시 한 번 확인했다.

"일단은이라니요? 비자금 조성 혐의가 사실이 아니라는 게 확실합니까? 아니면 검찰 측에서 내사가 진행 중인 게 사실이 아니라는 건가요?"

법무 팀장이 심드렁하게 답변했다.

"확인해 드릴 수 있는 것은 아무것도 없습니다. 미국에 있는 법무부사장과 연락이 되면 보고드린 후에 필요하면 알려 드릴게요."

정 팀장이 다그쳤다.

"아니, 기자들이 곧 출근하기 시작하면 전화가 올 것 같다구요. 그에 대해서 어떤 포지션을 취해야 하는지 먼저 알려 주세요. 사실입니까, 아닙니까?"

법무 팀장이 다시 이야기했다.

"일단 확실히 컨펌 나기 전에는 기자들과 통화하지 마세요. 전화받지도 마시고 어차피 검찰 측에서 이야기를 흘리는 것 같으니까. 우리가 이야기해 봤자 소용없습니다."

tip box

이슈 관리 기법을 목욕 욕조에 비유해 보자. 커다란 빈 욕조에 백도의 뜨거운 물을 틀어 놓는다. 뜨겁다. 시간이 흐를수록 점점 더 뜨겁다. 그 안에 앉아 있는 당사자가 할 수 있는 일은 무엇일까? 찬물을 트는 것이다. 그것도 먼저 틀어 놓은 뜨거운 물의 온도를 상쇄할 수 있도록 더 많은 양을 한꺼번에 쏟아 부어 화상을 피하는 것이 유일한 길이다. 타이밍과 분량, 그리고 물을 붓는 것도 효율성의 핵심이라고 할 수 있다.

- 욕조: Total SOV$^{Share\ of\ Voice}$ 또는 SOC$^{Share\ of\ Conversation}$
- 뜨거운 물: 자신이나 자사 이슈에 대한 부정적인 Voice/Conversation
- 찬물: 자신이나 자사 이슈에 대한 긍정적인 Voice/Conversation
- 욕조 안의 사람: 자신 또는 자사
- 뜨거운 물·찬물을 뿜어 대는 수도꼭지들: 언론, 기자, 블로거, 네티즌
- 가끔씩 찬물 수도꼭지인 줄 알고 트는데 뜨거운 물이 나올 수도 있으니 주의. 이는 사전 관계의 문제이다.
- 욕조 바깥 사람들: 여론

뜨거운 물속에서 찬물을 틀어 섞어 봐야 뜨거운 물과 혼합될 뿐이니 찬물은 틀지 않겠다고 버티면 자신만 손해다. 화상을 입어 목숨을 잃을 수도 있다.

재미있는 것은 그 목욕탕을 많은 사람이 들여다보고 있다는 사실이다. 뜨거운 물이 배꼽까지 차오르는 데도 벌겋게 데어 가며 꿈쩍 않고 앉아 있는 사람을 바라보면서 사람들은 이렇게 생각한다.

"자기가 자기 죄를 아니까 죽으려고 하는구나. 쯧쯧, 이래 죽으나 저래 죽으나 마찬가지지 뭐."

어떠한 경우라도 이슈나 위기가 발생하면 항상 우리의 메시지가 충분하게 여론에 반영되고 있는가를 체크하고 그렇게 되도록 노력해야 한다. 오프라인 언론과 온라인 언론 그리고 소셜 미디어상의 공중 여론들을 모니터링하는 이유가 이를 위한 것이다. 일부 기업에서는 모니터링을 아무 활동 없이 지켜보는 것으로 이해하고 있는데 사실은 그게 아니다. 추가적인 활동들을 구체화하고 결정하기 위해 모니터링을 하는 것이다.

기업에서는 위기 시 모든 수단과 방법을 동원해서라도 자신들의 입장과 메시지가 충분하게 여론에 반영되도록 위기 종료 시까지 일관되게 노력하는 것이 전략적인 위기관리다. 특히나 부정적인 이슈나 위기 발생 시 기업이 선택하는 침묵과 노코멘트 전략은 곧 코멘트 전략으로 공중에 의해 해석된다. 노코멘트가 곧 코멘트로 해석되는 것이다. 어떤 코멘트? '우리는 죄인입니다. 입이 열 개라도 현재는 아무 드릴 말씀이 없습니다.'라는 죄를 인정하는 의미로 해석된다. 이는 극히 경계해야 한다.

예산이 있어야 위기관리에 성공한다

정 팀장의 휴대전화가 울렸다.
"여보세요?"
수화기 건너편에서 기자의 목소리가 들렸다.
"정 팀장님, 저 깐깐경제 조 기자입니다. 잠깐 통화 괜찮으세요?"
기자가 회사의 중국시장 진출 건에 대해 물어본다.
'대외비인데 그 사실을 어떻게 알았지?'
정 팀장은 등줄기에 식은땀이 흐르는 것을 느낀다.
"조 기자님, 그 소식은 아직 제가 듣지 못했는데요. 한번 내부적으로 그런 움직임이 있는지 알아보고 전화 다시 드리겠습니다. 죄송합니다."
기자가 한마디 하면서 전화를 끊는다.

"빨리 알려 주세요. 사실 알려 주시지 않아도 이건 나갑니다. 다 저희가 알아봤어요. 후후."

지난주 경영진 회의 때 이번 중국 진출 건에 대해 공식적으로 공개할 때까지 절대 외부 누설하면 안 된다고 사장이 신신당부했는데 이게 어떻게 조 기자 귀에 들어갔을까? 정말 세상에는 비밀이 없는 것 같다.

정 팀장은 사장실에 올라갔다. 회의 중에 쪽지를 들이밀어 겨우 면담을 할 수 있었다. 사장이 물었다.

"무슨 일이야? 또 왜 얼굴이 사색이 돼서…."

정 팀장은 깐깐경제의 현재 취재 상황을 설명했다. 사장의 얼굴 표정이 굳었다.

"그게 어떻게 기자 귀에 들어갔지?"

마치 홍보팀을 의심하는 듯한 눈치였다. 정 팀장은 고개를 저으면서 말했다.

"저희도 잘 모르겠습니다. 증시 쪽에서 나갔는지. 어디서 어떻게 그런 이야기가 돌았는지…."

사장이 다시 물었다.

"그럼 이걸 어떻게 해야 해? 이게 지금 나가면 중국 쪽 파트너랑 다 계약이 흔들리는데. 그것 좀 막을 수 없어? 2~3주 만이라도? 공식 발표 그때 해야 하는데 말이야."

정 팀장은 여러 생각을 하고 일단 해 보겠다고 하면서 사무실로 내려왔다. 정 팀장은 다시 고민에 빠졌다. 데스크를 만나 봐야 하나?

조 기자를 일단 찾아가서 사정을 해 봐야겠지? 무슨 말을 어떻게 해야지 이번 건을 그냥 넘겨 줄까? 비즈니스 사항이라서 지금 기사가 나가면 사업이 완전 무산되니 양해해 달라 해야 하나? 지난달 ○○경제와 광고지원 건으로 얼굴 붉힌 적이 있는데 이게 영향을 미치겠지? 생각이 마구 복잡해졌다.

조 기자에게 전화를 걸었다.

"조 기자님, 제가 해외사업 쪽에게 알아봤습니다. 이게 전화로 할 건은 아닌 것 같고, 어디 계세요? 제가 그리로 가겠습니다."

정 팀장은 차를 몰고 여의도로 향했다. 조 기자가 바쁘니 차나 한 잔하면서 빨리 끝내라고 했다. 정 팀장은 조 기자를 만나 자초지종을 설명하고 엠바고를 부탁했다. 조 기자는 세부 계약사항에 대해 설명을 듣고 나서 말했다.

"흠, 그래요? 제 기사 욕심 때문에 사업이 망가지면 안 되죠. 그 대신 제가 정보 보고를 올려놓았으니까, 정 팀장이 우리 데스크에게 설명을 좀 자세히 해 주는 게 나을 것 같아요. 물론 저도 설명하겠지만요."

정 팀장은 감사하다 이야기하고 깐깐경제 신문사로 향했다.

"어이, 정 팀장. 웬일이야? 오랜만에 회사에 다 들어오고?"

깐깐경제 강 부장이 반갑게 인사한다.

"네, 다름이 아니고요. 조 기자에게 이야기 들으셨을지 모르겠는데, 저희 해외 사업 관련해서…"

강 부장은 단박에 얼굴색이 변하면서 한마디 한다.

"그렇게 큰 건을 우리가 그냥 알면서 넘길 수 있나? 아무리 당신네 사업에 문제가 생긴다고 해도 말이야."

정 팀장은 얼굴이 굳었다.

"당신네 얼마 전에 우리에게 뭐라고 했어? 아니 창립기념이라서 특집 몇 개 한다 했는데 뭐 다른 데 가서 알아보라고 했다면서? 당신이 소위 팀장인데 홍보 예산이 얼마야? 그까짓 특집 광고 치맛단 하나 못 달 정도야? 우리가 지금까지 당신네 도와준 게 얼만데? 이건 자세가 안 된 거지."

정 팀장은 올 것이 왔구나 하면서 고개를 숙였다. 사실 그때 광고 지원은 홍보팀 내부적으로 충분히 가능했다. 그런데 갑자기 사장이 홍보 예산 문제를 제기해서 모든 광고 지원 예산이 일시 정지된 것이다. 당시 홍보팀에서 강력하게 깐깐경제의 광고지원만은 진행해야겠다는 의견을 개진했으나 사장이 단 한마디로 잘랐다.

"광고 지원 가지고 홍보하려면 홍보하지 마세요. 다른 회사는 광고예산 한 푼 없어도 홍보만 잘하더구만."

정 팀장은 강 부장에게 급작스럽게 홍보 예산에 문제가 있어서였지, 우리가 깐깐경제를 가치 없다고 보는 것은 아니라고 설명하고 선처를 구했다. 강 부장은 자신은 그냥 기사를 만드는 사람이니 더는 귀찮게 하지 말라고 하면서 자리를 떴다. 강 부장의 뒤통수를 바라보면서 한참 서 있는데, 저쪽에서 광고 국장이 다가왔다.

"정 팀장님, 이쪽으로 잠깐 와 보세요. 정 팀장님. 이번에 우리가 깐깐경제 마라톤행사를 하는데 거기 메인 스폰서가 필요하거든요?

혹시 정 팀장님께서 힘 좀 써 주실 수 있습니까?"

정 팀장은 또 고민에 빠졌다.

'이걸 가지고 강 부장에게 어필해 기사를 좀 연기할 수 있을까?'

광고 국장은 고개를 끄덕이면서 최선을 다해서 문제를 해결해 보겠다고 약속했다.

정 팀장은 잠깐 신문사 복도로 나와 사장에게 전화를 걸었다. 수화기를 타고 사장의 음성이 들렸다.

"흠… 할 수 없지, 뭐. 예산을 써서 막을 수만 있다면, 그래 얼마 정도면 될 거 같아?"

정 팀장이 지원할 예산대를 이야기했다.

"할 수 없지 뭐. 큰 액수지만 그렇게 합시다. 지원해 주세요. 대신 그 기사는 일단 공식발표 이전까지는 나가면 안 됩니다."

이렇게 상황이 심각해지니 사장은 체념한 듯 예산을 풀었다. 정 팀장은 회사로 들어오면서 생각했다.

"처음에 광고지원을 했으면 이런 일을 잘 풀 수도 있었는데, 그때 아껴 보겠다고 한 금액이 지금 스폰 지원 금액의 십 분의 일도 안 되는데 뭐가 도대체 예산 활용이 효율적이라고 할 수 있겠어? 단순히 눈앞의 몇 푼 아껴 보려고 하다가 수억을 날리는 상황 아닌가? 이렇게 기준 없이 홍보 예산을 변덕스럽게 가져가면 어떻게 위기관리를 하나."

정 팀장은 담배 연기를 뿜어내면서 한숨을 쉰다.

tip box

평소 위기관리 예산을 잡아 놓는 기업은 없다. 하지만 해당 기업이 일정한 위기를 맞았을 때 필요한 예산을 어떤 원칙과 경로를 통해 입수할 수 있는가 미리 생각해 놓는 것은 매우 중요하다. 일반적으로 CEO나 기업 오너가 구두로 인정한 예산을 가지고 급하게 위기를 관리한다. 이에 대한 사전에 충분한 공감대가 형성되어 있는 것이 훨씬 더 안정적이다.

신문사 전체에 사과나 해명 광고를 하는 경우를 상상해 보라. 수억 원이 소요되는 이런 위기관리 활동 예산을 어떤 부서에서 끌어올 수 있을까? 로펌이나 외부 위기관리 컨설턴트를 급박하게 고용해야 할 때, 그 예산은 어떤 부서가 주도적으로 확보하고 관리해야 하는가? 이에 대한 기본적인 R&R과 예산 확보안 등을 평소에 고민해야 한다. 이러한 위기관리 예산에 대한 항목이나 범위 그리고 규모 등도 위기관리 컨설턴트의 자문 주제가 될 수 있다.

체계적인 정보 공유

정 팀장 회사에는 한 달에 한두 번 꼴로 골치 아픈 일이 발생한다. 정부 규제 기관과 갈등이 불거지거나 시장에서 소비자들이 문제를 제기한다. 다른 협회나 단체와의 다툼으로 인해 문제가 커지는 것이다. 제품에서 이물질이 발견되거나 간간이 리콜 요청도 들어온다.

이런 위기를 관리하는 데 정 팀장이 가장 힘들어하는 부분은 정보 공유다. 정보 공유를 하는 부분에서는 항상 갈증을 느낀다. 다른 부서에서 발생하는 위기 요소가 적절한 시기에 홍보팀에 전달이나 공유가 제대로 되지 않아서 더욱더 골치 아프다.

항상 위기가 발생하기 직전이나 후에 홍보팀은 위기에 대해 알게 된다. 기자들이나 주요 이해관계자들이 홍보팀으로 회사의 공식 입장을 물어 오면 그제야 관련 부서로부터 상황을 파악하기 시작한다.

그래서 윗분들은 홍보팀이 적절하게 위기를 관리하는 역량이 있느냐 하는 지적을 해 댄다.

정 팀장의 일과를 보자. 아침에 새벽같이 출근해서 일간지 기사 보고를 받고, 사장에게 간단히 보고한다. 보도자료 배포 일정이 있으면 배포 지시를 하고, 관련 기자들의 문의를 직접 접수하거나 대응 방법을 지시한다. 거의 매일 출입 기자들과 돌아가면서 점심을 먹고, 반주 한잔 걸치고 회사에 들어오면 두 시경이 된다. 아래 직원들이 모니터링을 하면서 문제성 있는 기사를 잡아 내고 있는 중에 정 팀장은 억지로라도 숙취를 제거하기 위해 잠깐 존다. 오후 늦게 몇 가지 회의나 보고를 마치고 나면 또 기자와 서녁 식사를 하기 위해 회사를 떠야 한다.

매일매일 거의 비슷한 하루 일정을 소화하는데, 문제는 회사 사람들을 만나는 횟수보다 기자들을 만나는 횟수가 더 많다는 사실이다. 사내 소식을 가장 먼저 정확히 들어야 하는 홍보팀 팀장이 외부 인사와 더 교류가 잦다는 데에서 한계가 올 수밖에 없다. 그렇다고 홍보팀에 정보 공유가 항상 규정돼 있거나 원활한 실시간 정보 공유가 되지도 않는다.

항상 정 팀장이 발로 달려가 마주 보고 이야기해야 마지못해 관련 정보를 주는 시스템이다. 특히 민감한 문제는 정확하게 전달되지도 않는다. 나름대로 부서가 살길을 찾기 위해 일정 부분 마사지된 정보를 받게 되니 종종 문제가 발생한다. 정 팀장은 하도 오랫동안 그런 위험을 경험해서 부서로부터 제공받는 정보나 자료를 백 퍼센트 신뢰하지 않는다.

작년에도 한번은 공장에서 제품 이물질 스캐너가 고장 나 있는 줄 모르고 제품을 일부분 생산하다가 문제가 발생한 적이 있다. 그때도 이물질 제품의 원인을 묻는 기자들의 질문에 홍보팀은 궁한 답변을 할 수밖에 없었다. 공장 측에서는 스캐너가 일정 기간 고장 나 있었다는 사실을 홍보팀에 공유하지 않았던 것이 문제였다.

홍보팀은 공장 측의 생산 과정에는 아무 문제가 없었다는 정보 공유를 믿었는데 나중에 식약청의 현장 조사에서 스캐너가 고장 났다는 사실이 밝혀지면서 기자들로부터 신뢰할 수 없는 홍보팀으로 낙인 찍혀 버렸다. 일이 터지고 나서 공장을 탓해 봤자 이미 문제는 심각해질 대로 심각해지고 모든 것을 잃을 수밖에 없었다.

항상 이런 식이다. 정보 공유도 안 될뿐더러 억지로 공유되는 정보도 정확하지 않다. 이것은 큰 문제다. 정 팀장은 다른 부서를 이끄는 중역들에게 여러 번 읍소도 했다. 그렇지만 그런 요청이나 읍소도 그때뿐이고 부서들은 전혀 위기관리 마인드가 형성돼 있지 않아서 정보 공유의 필요성에 대해 공감하지 않는 듯했다.

일부 부서에서는 홍보팀에 정보가 공유되면 언제 기자들에게 흘러 들어갈지 모른다는 기류도 감지되었다. 일부는 우리가 왜 매번 홍보팀에 우리와 관련한 정보 보고를 해야 하는가 의문을 품는다. 업무를 진행하는 것만도 벅찬데 왜 스텝 조직에 정기 보고를 해야 하느냐는 것이다. 정 팀장은 이런 수준의 반응에 할 말이 없다.

정 팀장은 조만간 사장에게 정식으로 보고할 예정이다. 더는 허둥거리면서 위기를 지나쳐 버리지 않기 위해서 여러 가지 생각을 정리할 예정이다. 정기적인 위기관리 위원회를 소집해서 문제가 될 만한 이슈를 정기적으로 취합하고 그에 맞는 대책을 논의하는 자리를 마련할 생각이다.

일부에서는 이런 정 팀장의 생각에 반기를 들기도 한다. 가뜩이나 태스크포스나 혁신팀류의 부서 조합이 많은데 거기에 위기관리 위원회라는 이상한 이름의 조직까지 더해서 왜 사람들을 괴롭히는가 하는 의견이 많다. 그러나 위기관리는 홍보팀이 편하자고 하는 일이 아니다.

정 팀장은 더는 불만 11는 소방관으로서 홍보팀을 운영하는 일은 그만할 생각이다. 무언가 시스템을 만들어 그 안에서 위기관리하기를 바란다. 아직도 사장은 '홍보팀은 나쁜 기사만 막아 내면 일 다 하는 것'이라는 개념을 가지고 있는데 이 부분을 일깨워야 한다. 이것이 극복하고 개선할 점이라고 생각한다.

정 팀장은 이런 위기관리 시스템을 만들기 위해서 스스로 악역을 맡기로 한 것이다. 정확히 말해서 악역이 아니라 회사를 위한 구사적 차원의 결심이다. 무언가 거창해 보이지만 거의 매일 시달리는 기자들로부터 종종 듣는 조언이 기저에 깔려 있다.

"정 팀장, 당신네 회사는 무슨 일이 벌어지면 프로세스나 순서가 막 뒤죽박죽 돼. 정보 공유 속도도 느리고, 홍보팀이 이슈에 대응을 빨리 못 해. 뭐가 문제인 거야?"

정 팀장은 기자들의 이런 비평을 더는 듣기 싫다.

tip box

 정보 공유에 대한 문제는 꼭 위기 시에만 대두되는 문제는 아니다. 평소에도 모든 기업 내부에는 엄청난 수준의 사일로(Silo)가 형성되어 있다. 바로 옆 팀의 활동에 대해 서로 신경 쓰지 않는다. 정보가 파티션 하나 넘어가는 데 수일에서 수주일이 걸린다. 기능화된 팀 구조로 인해 협업이나 전사적인 대응을 하기에 항상 낯설다. 팀장급 이상이나 임원들의 정치적인 상호 견제로 떠넘기기만 할 뿐 모든 것에서 누구도 주도하려고 하지 않는다. 이를 극복하기 위해서는 강력한 CEO의 명령 체계가 존재해야 한다.

 기업의 위기관리 매뉴얼에는 제일 앞부분에 대부분 CEO 인증란이 있기 마련이다. 그 인증란에는 이런 식의 표현이 항상 들어간다. '우리의 모든 위기는 이 위기관리 매뉴얼에 의거하여 대응되어야 한다. 이에 의거하지 않거나 여기에서 제시한 가이드라인을 충실히 따르지 않은 직원은 사후 엄중한 책임을 물을 수 있으므로 필히 준수해야 한다.'는 논지의 인증이다.

 위기 상황에 대한 인지와 공유에 대한 가이드라인도 이 매뉴얼 안에 들어가 있다. 이를 환기시키고 위기 상황을 적시에 공유하지 않는 직원들에는 강하게 책임을 묻는 분위기가 필요하다. 이런 가이드라인이 반복되어야 최소한 위기 시 협업이 가능하다.

위기관리는 단체전, 개인전으로 이길 수 없다

이른 아침, 출근길. 운전 중에 정 팀장은 알 수 없는 번호가 뜬 휴대전화를 받았다.

"안녕하세요. 저 취재일보 이몽룡인데요. 급하게 확인 좀 해 주실 것이 있습니다."

불길하다. 출입 기자가 아니다.

"이 기자님. 제가 운전 중인데요. 바로 회사로 들어가는 데 십 분 정도 걸리니 제가 이 번호로 전화드리면 안 되겠습니까?"

"아, 네… 저 급하니까 빨리 전화 주세요."

"그런데 확인할 것이 어떤 일인가요? 먼저 간단하게만이라도…."

"아뇨. 이따가 말씀드릴게요. 빨리 전화 부탁합니다."

딸깍.

정 팀장은 회사 도착까지 십여 분간 여러 가지 가정을 해 봤다. 공장에 무슨 일이 생겼나? 우리 제품에 이상이 있어 달갑지 않은 제보가 들어간 것 아닌가? 얼마 전 회사에 M&A 소문이 돌았는데, 그것 때문인가? 맑은 아침인데 갑자기 정 팀장의 마음에는 구름이 잔뜩 끼었다.

사무실에 들어가서 일찍 출근한 홍보 팀원들을 모두 모았다.

"여기서 기자들에게 전화받은 사람 있어?"

"어제부터 도는 이야기 들은 사람?"

"사내에 무슨 꺼리가 있을 게 있나?"

돌아오는 답변은 한 가지였다.

"아니오."

정 팀장은 더 막막하다.

정 팀장은 자리에 앉아서 잠깐 고민하다가 아까 그 기자에게 전화를 걸었다.

"네, 아까 전화드린다고 했던 정길동입니다."

"네, 정 팀장님, 저… 거기 사장님 이력이 어떻게 되시죠? 일류대학교 출신에 예전에 여당에서 활동하셨지요?"

"네, 그게 무슨 문제가 있나요?"

"아뇨. 최근에 왜 거기 사장님이 가지고 있던 보유 주식을 대량으로 매각하셨지요? 백팔십 억 원어치 되는 것 같은데."

"네? 그거야…."

정 팀장의 머릿속에 불꽃이 튀었다. 아, 이거 큰 건이었다.

"이 기자님, 무슨 말씀이신지 일단 만나서 이야기하시죠. 제가 지금 기자님이 계신 곳으로 찾아가겠습니다."

"아뇨, 저희 마감 아시잖아요. 제가 정신이 없어요. 일단 제가 물어보는 부분만 확인해 주세요."

"저희 사장님 관련해서는 제가 말씀드릴 수 있는 부분이 많지 않습니다. 방금 그 보유 주식 매각 문제도 제가 파악을 해야 답변할 수 있을 것 같습니다."

"그럼, 누구랑 이야기해야 하나요? 혹시 재무담당 임원 성함이 뭐죠? 연락처 알려 주시면 제가 직접 통화하고 싶습니다."

"저… 이 기자님, 그럴 것이 아니라 제가 알아보고 바로 다시 연락 드리겠습니다. 죄송합니다."

정 팀장은 전화를 끊고 손목시계를 내려다봤다. 8시다. 뭔가 대형 이슈가 터진 것 같은데 사장이나 임원들 전원이 출근하려면 앞으로 일이십 분은 더 있어야 했다. 사장에게 보고하자니 아는 것이 너무 없었다. 사장에게 전화해 횡설수설하느니 주변 정보를 더 찾아볼 필요가 있었다.

정 팀장은 평소 친분이 있던 편해일보 산업 부장과 증권 부장에게 주변 정보를 얻기 위해 전화를 한다. 그런데 둘 다 전화 통화가 되지 않는다. 회의 중인가. 전화해 달라는 문자를 넣어 두고 사장에게 어떻게 보고하나 궁리했다. 최근에 정치면과 사회면 그리고 증권면에 어떤 이슈로 채워져 있는지 세부 모니터링을 하라고 팀원들에게 지시했다. 김 과장에게는 재무팀 동기를 통해 왜 사장이 보유하던 주식을 매각했는지와 정확하게 어느 정도 했는지 등을 우회적으로 알아보라고 지시했다.

정 팀장은 고민했다. 사장이 출근했단다. 무거운 발걸음으로 사장실을 향해 올라가는 동안 휴대전화가 울렸다. 이 기자가 다시 전화를 해 온 것이다.

"이 기자님, 바로 전화드리겠습니다."

사장실 복도를 걸어갔다. 휴대전화에 편해일보 증권부 왕 부장의 번호가 찍혔다.

"왕 부장님, 죄송합니다. 바로 전화드릴게요."

사장 비서가 사장실에 들어가 정 팀장이 왔다고 알리는 순간, 또다시 정 팀장의 휴대전화가 울렸다. 아까 재무팀에 자초지종을 알아오라고 지시했던 김 과장의 보고였다.

"어, 김 과장, 뭐래?"

"네, 팀장님. 이게 좀 복잡하고 심각합니다. 사장님께서….'

"알았다."

사장 앞에 선 정 팀장이 보고했다.

"사장님, 오늘 아침 취재일보에서 문의가 왔습니다. 사장님의 신상과 최근 주식 매각 관련 사안인데요."

"아, 그거? 별것 아니야. 개인적인 일이니까 신경 쓸 것 없네, 그래. 왜 기자들이 그런 것에 관심을 갖지? 정 팀장이 너무 느슨한 것 아니야?"

정 팀장이 조심스럽게 말했다.

"사장님, 제가 보기에 이번 이슈는 상당히 큰 문제인 것 같습니다.

최근 정치 상황과 회사 경영과도 연결될 수 있는 이슈이기 때문에 저희가 정확하게 사실을 파악해야…."

"아니, 거 당신 일이나 똑바로 해요. 기자들한테도 쓸데없이 신경 쓰지 말고 지네들 일이나 잘하라고 하고."

직감적으로 큰 문제라고 느낀 정 팀장은 일단은 막아야겠다고 결정했다. 사장실에서 뛰어 내려오자마자 정 팀장은 취재일보로 차를 몰았다. 계속 전화기가 울려 댔다. 전화를 받으면서 보통 문제가 아니라는 느낌을 받았다. 헐레벌떡 취재일보 편집실에 들어섰다. 정 팀장에게는 눈길도 주지 않는 데스크의 바쁜 모습을 거스르면서 편집국을 돌아다녔다. 정 팀장은 고개를 숙이며 인사하기 시작했다.

정 팀장은 어디선가 따르릉 하는 자명종 소리를 들었다. 눈을 뜬 정 팀장은 온몸이 다 젖어 몸을 일으켰다. 어제 기자들과 마신 술 때문에 머리가 깨지는 것 같았다.

오늘은 토요일 아침 9시. 꿈이다. 매우 바빴고 죽을 만큼 고민했던 꿈. 자신의 홍보 팀원들 얼굴이 스르르 머릿속을 스쳐 갔다. 이 많은 녀석들은 내가 그렇게 바쁠 때 대체 무얼 한 거야. 사장은 역시 관심도 없더군. 이거 진짜 그런 일이 생기는 것 아니야? 아침부터 마음이 무척 심란하다.

다음 주에 출근하면 꼭 위기 발생 시 업무분장을 다시 해 봐야겠다. 위기관리 매뉴얼에 있는 업무분장은 도대체 어땠는지 기억나지 않네. 모니터링은 폭넓게 잘돼 가고 있는지, 예전에 알고 지냈던 여러 부장들과도 간만에 전화 한 통씩 돌려봐야지. 그리고….

tip box

위기관리는 단체전이다. 왜냐하면 위기를 둘러싼 이해관계자들을 모아 놓으면 큰 단체를 이룰 만큼 다양하고 많기 때문이다. 이에 대응하는 기업의 실무자들 또한 단체여야 한다. 기업위기관리 시스템에서 가장 중요한 골격이 바로 이해관계자별, 이슈별로 대응 주관 및 유관 부서를 배분하는 것이다. 이러한 R&R 설정만 정확하게 진행되고 상호 합의에 의해 안착되어 있으면 대부분의 위기관리는 무난하게 정리된다. 기업의 위기대응 역량이 부쩍 높아지는 것이다.

이와 더불어 각 부서 내에서는 맡은 이해관계자별, 이슈별 R&R을 세부적으로 쪼개 재배분하는 일을 한다. 일부 기업 홍보실에는 위기 시 언론에 대응하라는 R&R이 붙어 있고, 세부적으로 들어가면 A 과장은 종합지, B 과장은 경제지, C 과장은 TV, D 대리는 업계지, 온라인 등으로 대응 대상을 구분해 놓는 경우도 있다. 대관 부서에서는 규제 기관에 따라 담당자를 지정해 평소와 위기 시 대응 전문성을 높이기도 한다.

채선당의 성공적인 사과 커뮤니케이션

 **채선당 임신부 폭행 논란**

2012년 2월 17일 금요일 밤, 모 임신부 온라인 커뮤니티에 한 임신부의 불만 글이 게시된다. '천안에 위치한 채선당 식당에서 종업원에게 폭행을 당했다.'는 내용이었다. 이 글은 페이스북, 트위터 등을 타고 금세 온라인상에 퍼졌다. 하루 만에 SNS상에 퍼진 해당 내용을 온라인 매체에서 기사로 다루기 시작했다.

채선당은 해당 상황을 인지한 뒤 곧바로 자사 홈페이지 팝업창으로 공중들과 사과 커뮤니케이션을 시작했다. '고객님께 사과드립니다.'는 제목으로 해당 사건에 있어 일단 유죄^{guilty}를 인정하고 '해당 가맹점에 대해 폐업 조치를 비롯한 강력한 조치를 취할 예정입니다.'라며 빠른 배상과 처리를 성심성의껏 커뮤니케이션 했다. 이후에도 십여 차례 이상의 팝업창 메시지 편집을 반복하면서 지속적으로 해당 상황과 채선당의 입장을 업데이트하고 공유했다.

채선당 대표는 18일 오전 사건의 발단이 된 식당이 있는 지역이자 피해를 주장하는 해당 임신부가 사는 것으로 추정되는 천안으로 급히 이동해 접촉을 시도했고, 경찰 조사에 협조했다. 그럼에도 온라인과 오프라인에는 해당 사건이 극적으로 확대 재생산되어 퍼지기 시작했다. 사건이 이슈화된 이틀 후에도 해당 사건이 오프라인 여러 신문에 의해 칼럼과 기획기사로 쟁점화되었다. 이런 흐름은 사건 이슈화 사흘 뒤인 21일 화요일까지 계속된다.

22일 수요일이 되자 일방적으로 폭행을 당했다는 임신부의 주장에 일부 의문을 제기하면서 반박에 나선다. 채선당은 23일 홈페이지 팝업창으로 '고객님들께 간곡히 올리는 글'이라는 제목의 글을 올리면서 전반적인 상황을 정리하고 공유했다. 이어 온라인상에서는 임신부의 주장에 대한 또 다른 사실들이 회자되면서 다시 논란이 재점화되기 시작했다.

27일 충남 천안서북경찰서는 채선당 관련 중간 수사발표 브리핑에서 "종업원과 임신부가 다툼은 있었지만 배를 발로 차지 않은 사실은 인정됐다."며 "여종업원 A(40) 씨는 상해죄로, 임신부 B(32) 씨는 폭행죄 혐의로 조사 중"이라고 밝혔다.

채선당 측이 27일 채선당 김익수 대표이사 명의로 보도자료를 배포해 "이번 사건으로 기업과 브랜드 이미지에 큰 상처를 입었지만 고객의 신뢰를 회복하고 영업을 정상화하는 데 최선을 다하겠다."고 강조했다.

사건이 발생한 후 약 5주 후 충남 천안 서북경찰서는 채선당 임신부 폭행 사건과 관련한 임신부와 여종업원에 대해 모두 상해 혐의를 인정해 기소 의견으로 검찰에 송치하면서 임신부 폭행 논란은 마무리되었다.

핵심 전략

신속한 소셜 미디어 대처가 돋보인 채선당

1. 채선당 임신부 폭행 논란 케이스에서 전문가 거의 대부분이 성공으로 꼽는 것은 온라인상의 이슈에 대한 회사의 빠른 대응이었다. 많은 기업이 온라인상 이슈가 감지되면 그 수위와 유형을 분석하고 기다려 보기wait and see 입장을 견지하는 데 비해 채선당은 이슈의 성격을 감안해 빠르게 실행했다. 특히 이슈 발생이 금요일 밤과 토요일 새벽이었던 것을 감안할 때 CEO의 현장 지역 이동 등은 가산점을 주고도 남는 대응 스피드였다.

2. 채선당 이슈에서 다른 기업들이 벤치마킹해야 할 포인트의 으뜸은 홈페이지 소비자 불만 게시판의 모니터링이다. 임신부 온라인 커뮤니티에 올라온 불만 게시글을 읽고 다른 온라인 공중들이 가장 처음 비판 글을 올린 곳은 바로 채선당 홈페이지의 게시판이었다.

온라인 공중 간의 이슈나 위기 발생은 기업 홈페이지 게시판을 통해서 빠르게 감지할 수 있다. 전략적으로 모니터링 되는 홈페이지 게시판을 발전시켜 보유한다면 기업 실무자들이 광활한 SNS 공간을 모니터링 하는 수고를 덜 수 있다.

3. 채선당은 자사의 기업 소셜 미디어 채널을 보유하고 있지 못했던 약점을 홈페이지 팝업창과 오프라인상 보도자료로 대신해 잘 커버했다. 대형 위기 시에는 해당 이슈나 위기가 소셜

미디어상에서만 머무르지 않고 신문과 TV 등과 같은 오프라인 언론으로 금세 전이된다.

위기 시에는 소셜 미디어를 포함한 온라인과 전통 매체를 포함하는 오프라인 담당 실무자들 간의 협업이 필요하다. 위기 발생 초기부터 그들 간에 상호 이해와 전문성을 존중하면서 통합적인 대응 의사결정을 내릴 필요가 있다.

4. 채선당 케이스에서 아쉬운 부분을 하나 들자면 이슈 발생 초기에 위기관리 커뮤니케이션 메시지에 법률적 검토를 포함하지 못한 부분이다. <u>이슈 또는 위기관리 전반에 있어 법률적 검토와 메시지 필터링 작업은 필수 중 필수다.</u> 법률적인 전문성을 가지지 못하기 마련인 커뮤니케이션 실무자들은 이슈나 위기 발생시 감정적인 공감을 시도하거나 앞으로 필요한 조치를 하겠다고 '개런티' 해 주는 경우가 있다. 하지만 이런 초기의 메시지는 상황이 전개돼 가면서 기업 자체에 아픈 족쇄가 되거나 향후 법적인 책임을 지게 되는 또 하나의 부메랑이 될 수 있으니 신중해야 한다.

담당자에게 권한을 부여하라
사람들의 마음을 먼저 움직여라
내부 조직의 반발을 경계하라
죽은 위기관리 매뉴얼은 버려라
위기통제센터를 진단하라
위기관리 위원회의 팀워크를 정비하라
커뮤니케이션 트레이닝을 실시하라

기업철학과 시스템으로 위기를 이겨라

5

살아 있는 자연스러운 팀워크가 중요하다.
세부적인 대응 방안을 마련하고 그 프로세스를 챙겨야 하는 실무팀장급이
한자리에 앉아서 업무를 보며 위기관리를 지휘하는 시스템이 이상적이다.

담당자에게 권한을 부여하라

전사적으로 위기관리 시스템을 다시 한 번 점검하라는 사장의 지시가 떨어졌다. 천안함과 서해안 무력 충돌로 인해 최고경영진의 위기의식이 높아졌기 때문이다. 심지어 회사 일부에서는 미국에서 일어난 9·11사태 수준의 위기를 상정하고 그에 대한 대비책을 세워야 하지 않겠느냐는 이야기도 나오고 있다.

정 팀장은 일단 기존 오래된 위기관리 매뉴얼과 실제 위기를 관리했던 자사 케이스를 모아 분석을 시작했다. 관계를 맺고 있던 외부 컨설턴트들을 불러 함께 작업을 시작한 것이다. 사장은 "빠른 시일 내에 위기관리 시스템 점검을 마치고, 개선 및 강화안을 가져오라."고 다그쳤다.

컨설턴트들이 정 팀장에게 기존 시스템 점검을 위해 위기관리 위원회로 지정되어 있는 스물네 명의 부서장 인터뷰를 하고 싶다고 했다. 정 팀장은 그 말을 들으니 마음이 무거웠다. 평소에도 여러 경영 컨설턴트들이 프로젝트를 시작하면서 온갖 인터뷰를 진행해 사내에 인터뷰에 대한 거부감이 강했기 때문이었다.

"우리가 뭐 일하러 회사를 다니지, 컨설턴트들에게 인터뷰해 주려고 회사를 다닌답니까?"

"이 프로젝트 기획한 부서가 어디야? 왜 우리만 이렇게 반복적으로 귀찮게 해?"

"감사 받는 것도 아니고, 이렇게 많은 자료를 어느 세월에 준비합니까?

프로젝트 하는 팀이 알아서 자료 좀 챙겨 주면 안 되나요?"

이런 불만이 가득했다.

정 팀장은 컨설턴트들에게 가능한 인터뷰 대상을 축소해 달라고 부탁한다. 정 팀장은 위기관리 위원회에 속해 있는 스물네 명의 부서장들에게 인터뷰 목적과 가능 시간을 알려 달라고 이메일을 보냈다. 주간경영회의 시간에도 발언권을 얻어 사장 앞에서 여러 부서장들에게 협조를 구했다. 일주일이 지났다. 아무에게도 답변이 없었다. 정 팀장은 비서들에게 전화를 걸었다. 일부 임원은 아직 일정을 정해 주지 않았다는 반응이고, 일부는 이메일에 대해 별반 답변이 없다는 반응이다. 시간이 흘렀다.

2주가 흘러 여러 비서들의 협조와 사장을 통한 압력을 통해 겨우 삼분의 이 정도 부서장들의 인터뷰 일정을 잡았다. 컨설턴트들이 소회의실에 자리를 잡고 일정에 따라 부서장들을 인터뷰하기 시작했다. 하지만 결국 예상대로 갑작스러운 일정이 끼어들어 인터뷰의 대부분이 정해진 일정에 진행되지 않았다. 정 팀장은 컨설턴트들에게 또 양해를 구했다.

"가능한 분들만 인터뷰하고, 일정이 급박하니 다른 연구 방법으로 대체하는 게 어떨까요?"

컨설턴트들이 고민 끝에 정 팀장 회사의 기존 사례 분석을 기반으로 문제점 및 개선점을 도출하기 위한 일일 워크숍을 제안했다. 스물네 명의 위기관리 위원회 소속 부서장들을 한자리에 모으자는 뜻이다. 정 팀장은 다시 난감했다. 부서장 전체를 한자리에 하루 동안 묶어 놓는다는 것이 말이 쉽지 거의 불가능한 일이기 때문이었다.

정 팀장은 다시 각 부서장 비서들의 협조를 얻어 위기관리 시스템 개선 워크숍 일정을 어레인지한다. 여기 저기 정 팀장에게 볼멘소리가 터져 나왔다.

"주말에는 좀 쉽시다."

"미국 출장과 겹치는데 어떻게 해요?"

"아무리 사장님이 하라고 해도 우선순위가 있는 거 아닙니까?"

정 팀장은 이런 내부의 목소리를 담아내는 것도 버겁다. 반론을 제기하는 것도 힘에 부친다.

운 좋게 일단 워크숍 일정 확보. 삼분의 일의 부서장들이 여타 사정으로 워크숍에 불참 의사를 밝혔다. 정 팀장은 컨설턴트들에게 이 정도 모일 수 있는 것도 기적이라며 협조해 주기를 당부했다. 컨설턴트들과 부서장들의 워크숍이 시작되었다. 참석한 일부 부서장들은 활발하게 자신의 부서에서 위기관리에 필요한 사항들을 개진한다. 일부는 역시 침묵하거나 랩탑으로 다른 업무를 진행 중이다. 정 팀장은 속이 부글거리기 시작한다.

'이게 어떻게 마련한 자린데….'

다음 주 월요일, 사장이 정 팀장을 호출한다.

"정 팀장, 지난달 이야기했던 위기관리 시스템 개선 프로젝트는 어떻게 됐어?"

정 팀장이 답한다.

"사장님, 그렇지 않아도 지난 주말 피닉스파크에서 전체 부서장들과 워크숍을 진행했습니다. 이번 주말에 1차 리포트가 보고될 예정입니다."

사장은 짜증을 낸다.

"프로젝트가 너무 느려. 당장 지금이라도 위기가 발생하면 당신이 책임질 거야?"

정 팀장은 빨리 마무리 짓겠다고 말하고 나서 사장실을 떠났다.

정 팀장은 컨설턴트들을 닦달하기 시작했다. 수요일까지 내부 리포트 리뷰를 하자고 했다. 수요일이 되니 컨설턴트들이 여러 밤을 새워 마련한 개선안을 가지고 왔다. 정 팀장은 컨설턴트들과 회의하기 위해 십이 층 회의실을 돌아다녔다. 빈 회의실이 없었다. 예약을 해 놓지 않은 것이 불찰이었다. 정 팀장은 회의실 사용 예약 기록이 없는 빈 회의실 문을 열었다. 팀장 서너 명이 담배를 피우며 잡담을 나누고 있었다. 정 팀장이 양해를 구했다.

"홍보팀에서 위기관리 프로젝트로 이 회의실을 잠깐 사용해야 하는데 회의실을 좀 비워 줄 수 있겠어요?"

회의실에 있던 영업팀장이 정 팀장을 바라보면서 말했다.

"저희도 회의 중입니다. 꼭 이 회의실을 쓰셔야겠어요?"

그 옆 프로모션 팀장이 거든다.

"요즘 홍보팀 프로젝트 때문에 힘들다고 난린데, 회의실로 저희들에게까지 압박을 주십니까? 홍보팀 구석에 회의할 수 있는 공간 있잖아요?"

정 팀장은 주먹을 꽉 쥐면서 한마디 한다.

"이게 나 혼자 좋자고 하는 일입니까? 사장님께서 관심을 갖고 있고 회사를 위한 일 아니십니까? 회의실 내주는 게 그렇게 힘듭니까? 너무하네요."

팀장들이 한마디로 답한다.

"저희도 회사를 위해 지금 이 회의를 하고 있거든요?"

정 팀장은 컨설턴트들에게 회사 주변 커피숍으로 가서 회의하자며 그들을 데리고 밖으로 향했다. 정 팀장은 힘이 없다. 사내에서 그 누구도 홍보팀에게 힘을 실어 준 적이 없다. 정 팀장은 이런 상황이 벌어진 원인이 홍보팀 자체에 있는지, 아니면 경영진을 비롯한 다른 환경 때문에 기인하는지 알고 싶었다. 왜 홍보팀이 회사의 중대한 일을 하면서도 이렇게까지 힘을 얻지 못하고 떠다녀야 하는지 자신이 한심하게 느껴졌다.

tip box

일부 기업의 경우 위기관리 체계를 구축하는 컨설팅을 발주한 후 계약과 프로젝트 관리 업무를 입사한 지 몇 년 안 된 대리나 신임 과장급에게 맡겨 놓고 방치하는 경우가 있다. 실패하는 위기관리 컨설팅의 대부분은 해당 프로젝트 관리 업무를 중간급 이하 관리자들이 리드하는 경우다.

프로젝트 관리 업무 담당자가 시니어 부장급이나 임원급 이상이면 성공적인 컨설팅으로 해당 발주 부서가 긍정적인 평가를 받는다. 이럴 때는 조직적으로 먼저 컨설팅을 시작하는 단계에서부터 CEO 인사와 함께 조직 내부에서 컨설턴트들에게 힘을 싣는 과정이 진행된다. 컨설턴트들이 최고임원진을 일일이 만나 보고 그들이 생각하는 위기와 위기관리에 대한 생각을 충분히 듣도록 배려한다. 당연히 실무 팀장급이나 실무자들과 함께 컨설팅 프로젝트를 진행할 때 조직적인 저항은 극소화된다.

컨설팅 프로젝트 중간에도 최고경영진에게 수시로 보고 및 공유하는 시간을 확보해서 진척과 애로 사항을 커뮤니케이션하게 한다. 대부분의 CEO와 최고임원진들은 문제를 해결하려고 노력하고, 그 과정에서 컨설턴트와 프로젝트 관리 업무를 하는 담당자들은 힘을 받는다. 이런 일련의 과정 없이 프로젝트를 성공시키기란 매우 어렵다.

사람들의 마음을 먼저 움직여라

정 팀장은 위기관리 시스템을 점검하고 업그레이드하기 위해 위기관리 컨설턴트들과 힘겨운 프로젝트를 수행 중이다. 컨설턴트들이 각 부서 핵심 부서장들과 인터뷰를 진행했고 그 결과를 일차로 사내에 공유했다.

공유 회의에서 사장이 정 팀장에게 질문한다.

"전반적으로 위기가 발생하면 직원들이 나에게 언더 리포팅을 합니다. 항상 일이 커져야 내게 보고를 하더군요. 회사가 크다고는 하지만, 여과 없이 내가 알아야 할 이슈는 꼭 알아야 합니다."

정 팀장이 고개를 끄덕이면서 답변한다.

"사장님 말씀이 옳습니다. 하지만 저희 컨설턴트들이 분석한 바에 의하면 현장에서는 별반 보고에 대한 어려움이나 거부감이 없는 것으로 나타나 있습니다. 도리어 현장에서는 너무 많이 그리고 자주 보고를 한다는 생각을 하고 있습니다."

사장이 다시 반문했다.

"아니 그럼 누군가가 중간에서 보고를 누락하거나 필터링하고 있다는 뜻인가? 왜 그런 격차가 나지?"

회의에 배석해 있던 컨설턴트가 일어나 답변했다.

"사장님, 제가 한 말씀 드리겠습니다. 저희는 사실 현재 사내에 보고 체계는 상당히 발달돼 있고 보고의 신속성이나 정확성 또한 우수하다고 판단하고 있습니다. 저희도 왜 그런 인식의 격차가 발생하는지 조사를 해 보았지만 직접적인 원인은 찾지 못했습니다. 가능성이 있는 원인으로는 사장님께서 매우 상세하고 다양한 정보 보고를 원하시는 반면에 현장에서는 사장님의 눈높이를 맞추지 못하고 있지 않나 하는 정도입니다. 그렇지만 이 의미가 현장에서 보고를 게을리 하고 있다는 뜻은 아닙니다."

사장이 다시 물었다.

"그러면 내가 문제라는 건가요? 내가 너무 자질구레한 정보들을 자주 알려고 해서 문제다?"

컨설턴트가 다시 답변했다.

"아닙니다. 현재 회사 보고 시스템에는 별다른 문제가 없습니다. 다만 저희가 제안하기로는 사장님께 좀 더 만족스러운 보고를 올리기 위해 공유된 포맷과 기준을 마련하는 것이 필요하다는 정도입니다."

사장은 이렇게 혼잣말을 한다.

"그 얘기가 그 얘기구먼, 뭐…."

정 팀장은 긴 회의를 마치고 컨설턴트들과 담배를 나눠 피면서 이야기했다.

"사실 사장님 한 분만 좀 바뀌어 주시면 아래 직원들 전체가 편하지 않을까 생각할 때도 있어요. 워낙 일선의 일들을 잘 아셔서 항상 아래 직원들이 고생해요. 위기 발생 시에도 보고가 빨리 되지 않거나 정확하게 보고드리지 않는 게 아니에요. 보통 무슨 사건이 발생하면, 일선에서는 일단 그 사건에 대한 상황파악이 급선무죠. 그 상황을 빨리 파악하기 위해 최선의 노력을 다하고 있는데 사장님이 전화를 해요. 다른 루트를 통해 사건 발생 사실을 들으신 거죠. 왜 아직 그런 보고를 하지 않느냐고 호통을 치고, 임원들을 불러 빨리 상세 보고하라고 하죠. 그러면 사실 일선에서는 상황 파악이고 뭐고 보고서 작성하느라 이리 뛰고 저리 뛰고 진짜 위기관리는 못 하는 것입니다."

컨설턴트들이 공감한다는 듯이 담배 연기를 멀리 내뿜었다.

아무튼 회의는 끝났다. 빨리 그런 인터뷰 결과들을 기반으로 시스템의 밑그림을 그려야 하는 시기가 왔다. 최초 비협조적이던 임원들과 팀장들이 회의 참석 이후 태도가 바뀌는 듯했다. 자신들을 변호해 주는 컨설턴트들을 달리 보기 시작한 것이다. 마케팅 팀장이 정 팀장에게 다가와 말을 건넸다.

"정 팀장, 이번 프로젝트로 보고 시스템이나 위기관리 프로세스를 좀 다듬어 주세요. 무슨 일이 발생하면 왈가왈부하지 않아도 자연스럽게 우리 부서가 할 일을 좀 알았으면 좋겠어요. 항상 맨땅에 헤딩하는 것 같고 위에서 시키는 대로 매번 허둥대기만 하니 우리도 스트레스를 받았죠. 저희가 도울 일 있으면 말씀하세요."

정 팀장은 마케팅 팀장의 마음 씀씀이가 무척 고맙다.

정 팀장은 그 이후 수십 번의 회의를 컨설턴트들과 각 부서 핵심 팀장들을 불러 모아 진행했다. 매번 회의 때마다 조금씩 변화해 가는 부서들이 일부 보이기 시작했다. 임원들도 이야기를 들었는지, 하나둘씩 웃음 띤 표정을 보냈다. 임원들이 컨설턴트들과 정 팀장을 직접 자신의 사무실로 불러 차를 대접하면서 이야기를 나누기 시작했다.

정 팀장은 느꼈다. 위기관리 시스템의 중심은 사람이라는 것. 사람이 실제로 움직여야 제대로 된 시스템을 만들 수 있다는 것. 그리고 그 사람들을 움직이게 하기 위해서는 그 사람들 편에 서서 그 사람들을 이해하고 공감하고, 함께 동기 부여해야 한다는 것. 그것이 모든 변화를 위한 프로젝트의 첫 단추라는 것을.

정 팀장은 사실 이런 노력이나 이런 시도 자체를 두려워했다. 몇 번에 걸친 프로젝트를 모두 초기 단계에서 손을 놓아 버린 아픈 기억이 있다. 항상 비협조적으로 보이는 모든 부서에 약간의 증오심마저 가진 적이 있다. 자존심도 상했고, 자신이 패배자라는 생각을 어느 정도 가졌던 것도 사실이다. 하지만 정 팀장은 점점 스스로 변화해 가고 있다는 사실을 깨달았다. 예전보다 자주 임원들과 함께 담배를 나누어 피거나 차 한잔을 나누게 되었고, 타 부서 아래 팀장들과 다양하고 비교적 활발한 커뮤니케이션을 했다. 저녁에는 기자들과의 술자리를 줄이면서 다른 부서 회식에도 조인하기 시작했다. 프로젝트를 위해서라고 하지만 솔직히 정 팀장은 그런 관계 형성 자체가 신이 났다.

위기관리 시스템. 그것이 무엇이건 간에 일단 홍보팀은 사내 사람들을 움직일 수 있는 능력이 있어야 시작할 수 있다. 홍보팀의 능력은 숫자적인 예산이나 퍼포먼스 또는 사내 정치력이 전부가 아니었다. 사내에서 홍보팀은 좋은 친구의 이미지로 포지셔닝해야 한다. 좋은 이야기, 슬픈 이야기, 아픈 이야기, 재미있는 이야기를 나누면서 좋은 마음을 가지는 대상이어야 한다. 그래야 위기관리도 성공한다.

tip box

위기관리 시스템을 구축하는 업무나 컨설팅을 진행할 때 하나의 팁을 이야기하겠다. 프로젝트에 주관과 유관으로 엮여 있는 실무 담당자들이 자주 모여 함께 맥주와 식사를 나누는 것은 큰 도움이 된다.

프로젝트는 관련된 사람들과 친밀함이 형성되면 생각보다 일사 천리로 진행된다. 프로젝트 관리 업무를 담당하는 직원은 가능한 한 자주 의미를 부여해 함께 먹고 마시는 자리를 만드는 게 프로젝트에 이롭다. 외부 컨설턴트들로 해당 프로젝트에 도움이 된다면 흔쾌히 자리를 함께해 프로젝트 진행에 협조를 구하려 할 것이다.

위기관리 시스템 구축 프로젝트들이 실패하는 가장 큰 원인은 내부석 저항이나 반발이다. 누구도 추가적인 업무가 부여되는 것을 좋아하지 않는다. 그리고 많은 사람들이 외부 컨설팅 등에 알레르기를 일으키며 부정적인 시각을 가지고 있다. 이와 더불어 위기관리라는 주제가 그다지 직원들로 하여금 관심과 흥미를 일으키는 주제가 아니니 성공보다 실패를 부를 가능성이 훨씬 높다. 이를 극복하기 위해서는 함께하는 시간을 늘리고, 마음을 열고 친밀감을 형성하게 만드는 배려와 지원이 필요하다.

내부 조직의 반발을 경계하라

천신만고 끝에 결국 외부 컨설턴트들과 함께 위기 요소 진단을 마무리했다. 홍보팀과 컨설턴트들이 한 달여간 태스크 포스를 만들어 각종 서베이, 인터뷰 그리고 분석 작업을 통해 회사에게 발생 예상되는 거의 모든 위기 요소들을 진단해 냈다.

프로젝트 마지막 날, 정 팀장은 컨설팅 결과를 잘 정리해 사장과 임원 앞에서 프레젠테이션을 했다. 보통 최종 보고회는 외부 컨설턴트가 프레젠테이션을 하기 마련이지만 정 팀장은 좀 더 그 결과에 힘을 실어 주기 위해 자신이 직접 나서서 프레젠테이션을 했다.

"결론을 말씀드리자면, 저희 회사의 가장 중요한 위기 요소들은 총 열네 개로 추려졌습니다. A 부분, B 부분, C 부분…."

사장과 임원들이 고개를 끄덕였다. 사장이 말했다.

"수고했습니다. 내가 생각했던 것과 같이 아주 정확하게 위기 요소들을 끄집어내 주었네요. 그 하나하나에 대해 각 부문별로 예방대책들과 발생 시 대응 방안을 미리 고안해서 다음 달 회의 때 홍보팀에서 취합 후 보고해 주기 바랍니다. 여기 있는 임원분들께서도 적극적으로 협조해 주시기 바랍니다. 이상."

정 팀장은 회의를 마치고 나오면서 속이 시원해지는 것을 느꼈다. 이제부터 혼자 이리 뛰고 저리 뛰는 일들이 줄어들 것으로 생각하니 속이 편했다. 정 팀장은 몇 달 전까지도 고생했던 위기 사례를 떠올렸다. 정기적으로 제품에 이물질이 있다고 보고가 올라왔고, 영입 직원들은 각종 일선의 문제를 알렸다. 일부 주간지 기자들이 회사를 드나들고, TV 탐사 취재팀이 매장을 덮치는 일이 다반사였다. 회사에서는 유해한 제품 성분을 당분간 속이라고 하지를 않나, 사장은 사업보다 정치 쪽에 관심이 있는 것 같다고 출입 기자들이 수군댔다. 예전 직원들의 불법으로 처리한 일이 하나둘 드러나고 각종 거래처 소송이 줄을 이었다.

"우리 회사 창사 이래 이렇게 위험스러운 일들이 줄을 잇는 것은 처음일 거야. 어디서부터 잘못된 것일까?"

정 팀장은 그래도 연이은 위기 상황을 나름대로 최선을 다해 막아 냈다. 출입 기자들은 정 팀장을 불쌍하다고 동정했다. 때로는 함께 술자리를 가지면서 눈물 머금은 신세 한탄을 해 기자들의 심금을 자극할 때도 있었다. 친한 기자들은 말했다.

"정 팀장 때문에 내가 부장이 조지라고 해도 나서서 부장을 설득

한다고요. 우리 부장도 정 팀장 얼굴 봐서 그렇게 극단적으로 몰아치지 못하는 눈치야."

그토록 회사를 골탕 먹였던 주간지 기자들도 가끔 정 팀장과 소주 한잔하면서 말했다.

"정 팀장님도 참 못할 짓 하십니다. 다음번에는 제가 조금 미리 연락드릴게요."

몇 번 우는 소리를 해서 아주 부정적인 기사를 돈 들이지 않고 막아 낸 적도 있다. 구걸하며 빈티를 내고, 때로는 강짜를 부려서까지 기사를 뺐다.

기자들에게 성난 탄원서를 돌린 소비자를 찾아가서 함께 소주를 마신 적도 있었다. 한숨 섞인 소주잔으로 소비자의 마음을 풀어 기자들에게 돌린 탄원서를 취소한다는 이메일을 얻어 냈다. 그 소비자와 형 동생 사이가 되어 지금도 연락하며 지낸다.

몇몇 탐사취재 프로그램 피디들과 이제 하도 봐서 선후배 인맥으로 엮였다. 그렇다고 봐 줄 선수들은 아니라고 보지만, 예전처럼 그냥 맥없이 당하는 일은 조금 적어질 것이라 생각하니 그게 어딘가. 그 피디들은 치를 떨었다.

"정 팀장에게 전화만 오면 아주 복잡해, 마음이. 내가 다시는 정 팀장네 회사 취재는 안 맡는다."

그래도 좋은 사람들이다.

"이제 회사 전체 부문이 위기에 대해 관심을 가지고 대책을 세우면 한층 나아질 거야."

정 팀장은 기분 좋게 담배 한 모금을 내 뿜으면서 웃었다. 이때 정 팀장의 휴대전화가 울렸다.

"정 팀장, 나 기획 팀장인데 잠깐 보자. 대회의실로 와."

기획 팀장은 정 팀장의 입사 2기수 선배다. 또 대학 선배에다가 예전에 홍보 팀장을 거친 분이라 정 팀장이 항상 깍듯하게 모셨다.

정 팀장이 대회의실로 들어서니 각 부문 핵심 팀장들이 모두 모여 있다. 기획 팀장이 한마디 한다.

"아니 홍보팀에서 무슨 이런 일을 또 벌여서 가뜩이나 바쁜데 모두를 힘들게 해?"

"네?"

정 팀장은 무슨 말인지 어리둥절했다.

"부문 부사장들이 내려와서 각 팀장들에게 위기 요소인가 뭔가를 몇 개씩 내려 주고 대응 방침을 마련하라는데 이게 얼마나 큰 숙제인지 알아? 지금 내년도 비즈니스 플랜도 만들어야 하고 예산 작업 하는데도 매일 야근하고 밤새우는 데 이게 또 뭔 짓이냐고?"

정 팀장은 물러서지 않고 대답했다.

"여기 계신 팀장님들도 다 아시겠지만 올해 얼마나 이슈가 많았습니까? 한번 터지면 회사 존립 자체가 왔다 갔다 하는 이슈들이 연이어 터지고 있는데 이걸 계속 이런 방식으로 대응하는 게 옳다고 보세요?"

영업 팀장이 쓴웃음을 지으면서 이야기했다.

"아니, 우리가 말하는 건 홍보팀이 왜 있느냐 이거예요. 이런 위기 요소 막고 기사 빼고 하라고 있는 거 아니냐 이거죠. 왜 이런 일을 찢어서 우리에게 맡기느냐는 거예요. 홍보팀에서 해 주면 되죠."

정 팀장이 황당해서 소리쳤다.

"홍보팀이 어떻게 각 부문에서 상존하는 잠재 이슈를 모두 찾아 대응책을 마련합니까? 천 명도 넘는 영업 직원들에 지점 직원들까지 홍보팀 지휘하에 있는 것도 아니잖습니까? 일선 부서에서 각각 대응책을 마련해야 그게 실제적이기도 하고요. 안 그렇습니까? 영업 팀장님?"

마케팅 팀장이 귀찮다는 듯이 끼어든다.

"정 팀장, 지금까지 잘해 왔잖아요. 기사도 거의 다 빼고, 그래서 저희가 항상 대단하다고 생각하고 있어요. 저번에 TV 취재도 어떻게 잘 빼 주셨잖아요. 그러니까 그냥 그렇게만 해 주세요. 언론에만 안 나가도 어딥니까? 우리는 그냥 부문에서 지원해 드릴 테니까."

정 팀상은 한숨을 쉬면서 회의실 바닥을 내려다봤다. 팀장들이 한목소리로 말했다.

"맞아, 맞아. 홍보팀이 잘하니까 뭐. 파이팅!"

다들 회의실에서 일어서면서 정 팀장을 북돋았다.

"그러면 부사장님들에게 홍보팀에서 알아서 한다고 보고할 게요. 팀장 회의에서 합의를 보았다고. 정 팀장님 부탁해요."

정 팀장은 홍보 팀원들을 불러 모았다. 온라인 모니터링에 밤낮과 주말이 없는 조 과장, 방송국이나 각 사 기자실 주변에서 뻗치기부터 연이은 예산 정산에 요즘 부쩍 흰머리가 생긴 김 과장, 아예 치킨, 피자, 생맥주 배달부가 되어 버린 두 여자 대리. 그들 한 명 한 명의 얼굴을 돌아보았다. 홍보 팀원들은 이미 모든 이야기들을 들었는지 다시 원위치로 돌아왔다. 상황을 이해한다는 표정이었다.

tip box

> CEO와 최고경영진들의 인정, 지원 그리고 실무자들 간의 회동으로 인한 친밀감 형성에도 불구하고 조직의 반발은 프로젝트 전반 여기저기에서 불거져 나올 수 있다. 그 내용은 상당히 정치적이거나 자기네 부서 이기주의에 기인한 경우가 많다. 그렇다고 그런 부서 차원의 반발에 굴하면 성공적인 프로젝트를 하기 어렵다.
>
> 이를 해결할 수 있는 힘은 곧 해당 위기관리 프로젝트를 관리하는 담당자의 조직 내 정치력이다. 반발하는 팀장과 실무자를 만나고, 설득하고 대화를 나누고, 일부에서는 협상을 해서 그들의 반발력을 어느 정도 감소해 주는 업무도 해야 한다. 이 과정에서 외부 컨설턴트가 할 수 있는 일은 극히 제한되어 보인다. 정리하자면 일은 컨설턴트들이 맡아서 하고, 교통정리와 정치적인 정지 작업은 인하우스 담당자들이 해야 한다.

죽은 위기관리 매뉴얼은 버려라

정 팀장 책상 위에는 한 뼘 두께의 '위기관리 매뉴얼'이 꽂혀 있다. 몇 년 전 거액을 투자해 외부 위기관리 컨설팅 회사와 함께 고생을 하면서 위기관리 매뉴얼이라는 것을 완성했다.

정 팀장은 그 매뉴얼이 어떻게 만들어졌는지 자세히 모른다. 당시 컨설팅사에서 만들어 준 대로 몇 번 훑어보니 그럴 듯 했던 것 같다. 그런데 그 매뉴얼을 바라볼 때마다 정 팀장은 마음이 왠지 불안했다. '과연 위기가 발생하면 저 매뉴얼에 따라 위기를 관리할 수 있을까?' 하는 마음이 들어서다.

얼마 전에도 회사 제품에서 모종의 혐오스러운 이물질을 발견한 한 소비자가 방송사 소비자 고발 프로그램에 제보해 위기가 발생한 적이 있었다. 홍보팀은 소비자 고발 프로그램의 한 작가로부터 관련 사건에 대한 문의를 받고서야 그런 사실이 있었다는 것을 알게 되었다.

위기관리 매뉴얼을 보니 '이물질 관련 소비자 불만 접수 사안 중 심각한 것은 CS 팀장이 정기적으로 분석 취합하여 실시간 또는 주기적으로 영업을 비롯한 생산부문, 기술부문, 마케팅부문, 법무부문, 홍보부문 등과 상시 공유한다.'고 되어 있다. 정 팀장은 CS 팀장에게 전화했다. 이런 심각한 소비자 불만이 어떻게 방송사에게 전달될 때까지 홍보팀이 전혀 알리지 않았는지를 CS 팀장에게 따졌다.

"아… 그거요? 김대박 씨 케이스인 것 같은데. 그거 사장님께만 보고드렸어요. 법무팀도 알고 있는데. 그 사람이 우리에게 그 이물질 눈감아 줄 테니 일억 달라고 해서 그냥 합의 안 하고 무시하기로 했던 건데요."

CS 팀장이 아무렇지 않게 이야기했다. 정 팀장은 말했다.

"그렇더라도 우리 위기관리 매뉴얼에 나와 있는 대로 홍보팀에도 관련 사안을 공유했어야죠. 분명히 그 소비자가 방송에 제보한다 했지요? 그것 봐요. 홍보팀은 지금까지 아무것도 몰랐어요. 방송사에서는 취재가 시작됐는데."

CS 팀장은 정 팀장이 화를 내도 바쁘다며 "홍보팀이 좀 알아서 챙겨주세요. 끊습니다." 한다. CS의 영역을 벗어났으니 내심 안심이라는 투다. 매뉴얼에 대해서나 프로세스에 대해서는 전혀 관심이 없다.

정 팀장은 법무 팀장에게도 전화를 걸었다.

"CS 쪽에서 사장님께 보고까지 했다는 김대박 소비자 케이스 아시죠? 예, 그거요. 그 소비자가 일억을 요구했다고 하던데. 관련해서 우리 측에서 공식 대응한 자료가 있으면 홍보팀으로 좀 보내 주세요. 혹시 소비자 대화를 녹음한 것이 있나요?"

법무 팀장은 대수롭지 않다는 듯 대답한다.

"아, 녹음은 없고요. 사장님이 당시에 타협하지 말라 하셔서 그냥 접은 케이스예요. 김씨가 계속 저희 쪽에 독촉 전화했는데 안 받았어요. 완전 상습범 같아요."

정 팀장이 매뉴얼을 들춰 보니 '법무팀은 단순 소비자 협박에 관해서 주도적인 접촉 및 협상을 진행한다. 그 프로세스와 결과를 홍보팀을 비롯해 관련 부문에 대외비로 실시간 공유한다.'라고 되어 있다. 법무 팀장은 말한다.

"그런 매뉴얼 저는 본 적도 없고요. 그거 홍보팀에서 만든 것 아닙니까? 그런데 왜 우리 역할까지 집어넣으셨어요?"

정 팀장은 할 말이 없다. 징 팀장은 사장실로 올라가 면담을 청했다.

"사장님, 방금 전 방송사에서 소비자 김 씨 사건 관련해 취재를 시작한 것 같습니다. 얼마 전 이 케이스로 CS, 법무팀과 회의하셨다고 들었습니다. 그때 홍보팀도 함께 참여하게 해 주셨으면 좋았을 텐데요. 저희는 방송 작가 전화받고 알게 되어 지금 상당히 곤란한 상황입니다."

사장이 얼버무렸다.

"어? 그랬나? 나는 별로 대수롭지 않게 본 케이스인데. 그런 상습범과는 협상하지 말자는 게 내 생각이니까. 홍보팀에서 잘 막아 봐.

그런 거 잘하잖아. 지난번에도 방송 사람들하고 선후배 관계라며 대충 처리 잘해 넘어가더구먼. 이번에도 그렇게 해 봐요."

정 팀장은 자신의 자리로 와 위기관리 매뉴얼을 쓰레기통에 집어 던졌다. 아무 쓸모도 없고 회사 내 누구도 알지 못하는 더군다나 아무도 기억하지 않는 버려진 매뉴얼이 무슨 소용일까 하는 생각에 울컥해서다.

십 분이 지나니 쓰레기통에 거꾸로 처박힌 두꺼운 매뉴얼을 다시 내려다보게 된다. '그래도 비싸게 돈 주고 만든 건데….' 하는 생각에 다시 매뉴얼에 손이 갔다. 다시 책상 위에 꽂아 놓았다. 하지만 매뉴얼을 보면서 마음이 갑갑한 것은 여전했다.

이렇듯 많은 회사들이 위기관리 매뉴얼을 하나의 장식품으로 가지고 있는 듯했다. 매뉴얼을 실무자의 심리적 안정감을 위한 하나의 책상 위 장식으로 대하는 것이다. 그러나 사실 위기관리 매뉴얼은 전사적 공감대와 역할 분담 그리고 각 담당 영역과 대응 프로세스가 잘 정리되고 공유되어야 가치를 발한다. 공감되고 공유되지 않고 기억도 되지 않는 위기관리 매뉴얼은 종이 묶음에 불과하다.

조직은 지속적으로 변한다. 여러 담당자가 자주 바뀌고 편제가 바뀐다. 그러면서 책임 영역이나 주체가 자꾸 바뀐다. 하지만 위기관리 매뉴얼 업데이트 속도는 이를 따라가지 못한다. 어릴 적 옷을 끼어 입고 있는 어른처럼 위기관리 매뉴얼은 업데이트가 안 되면 그 생명력을 잃고 만다.

위기관리 매뉴얼에만 의존하면 제대로 된 위기관리가 될 턱이 없다. 중요한 것은 조직 내 위기를 관리하는 주체, 즉 사람이며, 그 주체들과 공유한 대응 전략과 프로세스이다. 죽은 위기관리 매뉴얼을 신봉하는 것도, 무시하는 것도, 어찌 보면 기업 내 시스템이 없다는 증거이다.

tip box

위기관리 시스템의 생명 연한은 얼마나 될까? 경험상으로 고객사의 위기관리 매뉴얼을 돌아보면 해당 매뉴얼이 공유되어 살아 있는 기간은 6개월가량이 일반적이다. 왜냐하면 인사 이동이 잦고 조직체계가 빈번하게 변하기 때문이다. 또한 비즈니스 상황과 기타 이해관계자 환경이 날로 변하는 탓이다. 매뉴얼상에 정해진 위기관리 위원회 구성원들 중 두세 명만 바뀌어도 해당 위기관리 위원회가 이전과 같이 운용될지 아무도 장담할 수 없다. 업무 인수인계 체계가 잘되어 있다고 해도 위기관리 위원회 업무까지 완전히 인수인계하는 경우는 드물다.

이런 한계를 극복하기 위해서는 지속적으로 업데이트하고 반복해서 공유하는 것이 필수다. 정기적으로 위기관리 시뮬레이션을 통해 위기관리 위원회 구성원 각자가 위기 시 자신의 R&R을 확인하고, 반복해서 위기관리 프로세스를 경험하게 해 주는 것밖에 달리 대안이 없다.

위기통제센터를 진단하라

 새벽녘 정 팀장의 휴대전화가 울렸다. 출근을 준비하던 정 팀장이 칫솔을 입에 물고 전화를 받았다.
 "정 팀장님, 여기 LA인데요, 큰일 났습니다. 저희 미국 서부 물류창고에 화재가 나 대부분의 제품이 손실됐습니다. 저희 매뉴얼상에 본사 위기관리 위원회장에게 연락하도록 되어 있어서 보고드립니다. 이메일로 관련 상황과 사진, 그리고 보고서를 보내 드렸습니다. 살펴보십시오."
 정 팀장은 일단 관련 상황을 사장에게 보고했다.
 "관련 보고 지사장에게 들었어요. 우리가 어떤 대응을 해야 하는지 정 팀장이 빨리 위기관리 위원회 소집해서 논의하고 보고해 주었으면 합니다."

사장이 지시했다. 정 팀장은 사내 비상연락망을 통해 오전 6시 30분 위기관리 위원회를 구성하는 각 부서장들에게 SMS를 일괄 발송했다.

오전 7시경 회사로 이동.

위기관리 매뉴얼상 정해진 대로 위기관리 위원회 구성원들이 집합해야 하는 위기통제센터 본사 이십 층 대회의실. 7시 30분이 지났는데 아무도 없다. 물류 팀장이 허겁지겁 들어온다. 미국 지사들과 휴대전화가 뜨거워지도록 연락 중인 듯했다. 정 팀장이 중얼거렸다.
"다들 언제쯤 모일 건가? 사장님께서 빨리 상황 분석해 보고하라고 하셨는데."
홍보팀 팀원들이 다시 각 소집 대상 임원들과 팀장들에게 전화를 돌렸다.
정 팀장은 오전 8시가 되자 마음이 더욱 조급해졌다.
"위기관리 위원회 총원이 원래 몇 명이야?"
위기관리 위원회 서브 리더를 맡고 있는 조 과장이 보고했다.
"사장님 빼면 총원 스물네 명입니다. 현재는 물류 팀장과 법무 팀장 둘 빼고 스물두 분만 모이시면 될 듯…."
옆에 있던 물류 팀장이 덧붙인다.
"팀장님, 제가 아까 보고받기로는 일단 마케팅, 영업, 기획 쪽에 사람들이 많이 없을 것 같습니다. 협력 업체 컨퍼런스나 해외 광고

촬영이 있어서 임원들과 팀장들이 많이 빠졌다던데요?"

"빨리 누가 빠지고 누가 들어올지 확인해."

정 팀장은 조 과장에게 지시했다.

오전 8시 30분. 위기관리통제센터에 열 명가량이 차기 시작했다. 먼저 와 기다리던 물류팀장과 법무 팀장은 다른 구성원을 기다리다 지쳐 잠시 밖에 나가는 것 같더니 들어오지 않았다. 정 팀장이 소리 질렀다.

"어떻게 된 거야? 실제 정원이 얼마야?"

조 과장은 땀을 흘리며 보고했다.

"팀장님 저희 팀원들이 전화를 돌려 확인한 바로는 오늘 집합 가능 인원은 총 열다섯 명 정도로 예상하고 있습니다."

정 팀장이 다시 소리쳤다.

"그런데 왜 열 명밖에 안 돼?"

조 과장이 난처하게 이야기했다.

"다섯 분이 아직 연락이 안 되고 있어서 조금만 기다려 주시면…."

결국 세 명이 연락이 안 된 채로 오전 9시가 되어 위기관리 위원회의 회의가 시작되었다. 정 팀장이 한마디 했다.

"비상연락망을 활용해 처음으로 소집 정보를 드린 게 오늘 오전 6시 30분입니다. 그런데 집합하시는 데 두 시간 반 이상이 걸렸습니다. 다른 회사들은 위기 발생 직후 한 시간을 어떻게 활용할 수 있는지 연구하고 훈련한다 하는데 우리는 이게 뭡니까? 문제가 많다고 봅니다."

출장 중인 기획 부사장을 대신해 기획 팀장이 끼어들었다.

"저희 매뉴얼상으로는 비상연락망을 통한 위기관리 위원회 소집 명령과 소집 완료는 한 시간 이내로 한다고 되어 있습니다. 하지만 이 부분이 현실적이라고 생각하지 않습니다. 우리가 모두 사무실에 있을 때는 문제가 없을 듯한데, 이번과 같이 야간이나 주말 또는 통근 시간대에 소집이 걸리면 한 시간 내에는 소집이 불가능할 가능성이 더 많습니다."

여기저기에서 동의하는 볼멘소리들이 터져 나왔다.

"일단 소집 기간과 관련한 규정은 추후 논의해서 개선 방향을 마련하도록 하겠습니다. 그리고 오늘 위기관리 위원회를 소집한 이유는…."

정 팀장이 확보된 상황을 브리핑하려 하는 순간 여기저기에서 전화가 울려 댔다. 위기통제센터에 참석한 임원들과 팀장들에게 전화가 빗발치는 것이다. 물류 팀장과 법무 팀장은 아예 화상 컨퍼런스 콜을 해야 한다면서 화상회의실로 돌아간 지 오래였다. 모두가 위기 상황을 보고받고, 그에 대한 대응을 각자 생각해 하달하고 있는 상황이었다.

정 팀장이 제재를 하기 시작했다.

"전화 그만하세요. 전화는 다른 직원에게 맡기시고 일단 상황 파악과 의사 결정을 먼저 진행합시다."

이에 대해 영업 임원이 한마디 했다.

"내가 지금 영업에 수급 결정을 안 해 주면 더 문제가 커지는데 이 자리에서 내가 다른 일을 어떻게 합니까?"

마케팅에서 서브로 참석한 팀장 하나가 조심스럽게 물어 왔다.

"저… 팀장님. 아주 급하게 사장님이 지시하신 자료와 이메일을 확인해야 하는데 제 자리에 잠깐 가서 확인하고 다시 오면 안 될까요?"

정 팀장은 짜증이 나기 시작했다. 이미 위기통제센터 내부에서는 참석 인력조차 통제가 되지 않고 있었다. 각 부서별로 해당 위기를 위기로 인식하지 않거나 별로 우리 부서와 관련 있는 위기라 생각하지 않는 구성원이 많은 듯했다. 또한 평소에 노트북을 가지고 일하는 환경이 아니라 위기 시 위기통제센터에 모여 회의를 진행하는 것에 상당한 괴리감을 느꼈다. 휴대전화는 위기 시에 더욱더 자주 울렸다. 이를 어떻게 해결해야 하나?

사장이 정 팀장 휴대전화로 전화를 걸어 왔다.

"정 팀장, 아까 새벽에 이야기한 거 어떻게 돼 가고 있습니까? 대응 방안 간략히 정리한 게 있어요?"

정 팀장은 숨을 죽이며 이야기했다.

"사장님, 곧 보고드리겠습니다. 위기관리 위원회가 모인 지가 얼마 안 돼서 현재 논의 중입니다. 오전 중으로 보고드리겠습니다."

사장이 화난 듯 대꾸했다.

"아니 그런 이야기가 나옵니까? 미국에서는 벌써 상황이 심각해진 모양이던데, 우리 내부에서 상황 파악과 의사결정이 이렇게 느리다니 말이 됩니까?"

정 팀장은 위기관리 위원회를 대상으로 해 간략하게 브리핑을 마치고, 각자 사무실로 돌아가 각 팀별 대응 방안을 마련해 11시 30분

정각까지 취합하게 도와 달라고 부탁했다.

사장실 앞에 각 팀별 대기자들이 여럿이다. 각자 대응 방안을 보고하고 있다. 정 팀장은 사장 비서 옆 간이의자에 걸터앉으며 생각한다.

'매뉴얼이 있으면 뭐하나, 따르는 사람이 없는데. 각자 다른 일을 하고 있잖아. 이런데 위기관리가 될 턱이 있나?'

또 하루가 그렇게 지나가고 있었다.

tip box

많은 고객사들이 자문을 요청하는 것이 위기관리 위원회가 위기 시 모여 위기대응에 대해 논의를 하는 위기통제센터의 역할과 운영 방식에 대한 부분이다. 일부 기업은 위기통제센터를 현장에서 업무를 보면서 대응 지휘까지 할 수 있는 전시형 Military style 워룸으로 설비해 놓은 곳도 있다. 그러나 대부분의 기업들은 사내 대형 컨퍼런스룸을 위기 시 위기통제센터로 상황실과 겸해 사용한다.

이런 경우 많은 위기관리 위원회 구성원들이 회의 형식으로 참여하게 되는데 여기에서 위와 같은 수많은 현실적인 문제가 생긴다. 그래서 최근에는 사내 위기관리 포털 등을 만들어 위기관리 위원회 구성원들이 각 부서에서 업무를 하면서 위기관리 포털상에 접속해 해당 위기 상황과 관리 활동을 공유하고 점검하는 시스템을 만들기도 한다. 중요한 것은 위기관리 위원회가 좀 더 효율적으로 빠르게 의사결정하고 대응하게 하는 체계가 무엇인가 하는 것이다. 이는 각 기업별로 내부 인력과 외부 컨설턴트들이 최선의 체계를 잡아나가야 하는 것이며, 정형화된 모델이나 원칙은 있을 수 없다.

위기관리 위원회의
팀워크를 정비하라

CISO 임원이 정 팀장에게 SMS를 보내 왔다. 사내 위기관리 위원회 멤버에게 함께 발송하는 단체 SMS다.

'코드 레드급 위기 발생. 위기관리 위원회 소집 @워룸 ASAP'

정 팀장은 바로 CISO에게 전화를 걸었다. 통화 중이다. 아마 그는 수많은 임원과 연달아 통화하고 있을 것이다.

정 팀장은 본사 이십일 층에 설치된 위기통제센터로 달려 올라갔다. 위기통제센터에는 벌써 법무 팀장을 비롯한 몇몇이 웅성거리고 있었다. 법무 팀장이 정 팀장을 보더니 이야기했다.

"또 고객 정보 누출이에요. 이번엔 직원 소행 같데요. IT에서 브리핑하겠지만 이번 건은 약간 심각해 보이는데?"

정 팀장은 '올 것이 왔구나.' 하는 생각이 들었다. 몇 달 전 해커에 의한 고객 정보 유출 위기를 겪어 보며 정 팀장은 '만약 우리에게 직원을 통한 정보 유출 위기가 발생하면 어떻게 해야 하나?' 하는 이슈를 사내에 제기했다. 당시 사장은 "CISO와 IT팀은 우리의 인적 보안 상황도 잘 점검하라."고 단순 지시했을 뿐이다. 도리어 정 팀장은 수척한 CISO의 브리핑을 들었다. 올해 들어 벌써 두 번째 정보 유출이다. 아직까지 기자들이 관련 사실을 알지 못해 문의가 없는데 언제 기자들의 콜이 시작될지 불안했다. 정 팀장은 조급해서 위기통제센터에 모여 있는 사장을 비롯한 임원들에게 질문했다.

"이 상황에 우리는 얼마나 책임을 져야 합니까? 우리 보안 관리 체계에 문제가 있는 거지요? 아니면, 우리는 완벽한데 불가항력적으로 일부 협력 업체 직원들에 의해 당한 건가요?"

IT팀장이 정 팀장을 바라보면서 난처한 표정으로 이야기했다.

"반반입니다."

길게 설명을 하지만 따져 보면 보안관리 체계에도 사실 문제가 있었고, 일을 저지른 협력 업체 직원들의 수법도 상당히 고도화되었다. 완전한 포지션이 나올 수가 없는 상황이었다. 사장은 심각한 표정으로 말했다.

"일단 협력 업체에서도 관련 인력들과 연락이 닿지 않는다 했으니, 우리 나름대로의 대응 안을 만들어야겠습니다. 홍보팀은 우선 기자들에게 어떻게 대응할 것인지 강구해 보세요. 법무 쪽에서는 관련해서 예상되는 우리 측의 법적 책임과 대응 방안을 한번 생각해 보고요. 기획에서는 이와 관련해 경찰 쪽과 어떻게 커뮤니케이션을 할지에 대해 안을 마련해 준비하세요."

기획 팀장이 정 팀장에게 다가와 한마디 한다.

"경찰에 아는 라인 좀 있어요? 이런 건 어디 누구를 찾아가야 하나? 112에 우리가 먼저 신고해야 하는 건가?"

정 팀장이 황당한 표정을 짓자 기획 팀장은 혼잣말을 하며 흡연실로 향했다.

"제길! 연간 KPI 조정작업도 바빠서 죽겠는데, 에휴."

법무 팀장은 정 팀장에게 전화해 법무팀의 입장을 설명했다.

"정 팀장님, 저희 법무에서는 이번 이슈 관련해서는 가능한 기자들이 기사를 쓰지 않게 해야 한다고 생각합니다. 나중에 큰 문제가 될 수 있어요. 우리가 책임져야 하는 부분이 어디인지 확정되지 않은 상황에서 기자들 손에서 책임론이 나오면 문제입니다."

정 팀장이 다시 되물었다.

"기자들이 기사를 쓰지 않게 하는 방법이 있으면 좀 알려 주세요. 제가 이십오 년 동안 홍보일을 하면서도 그런 묘안을 찾지 못했습니다."

사장도 정 팀장에게 전화를 걸어 왔다. 오늘 오전에만 오십 통 넘는 전화를 주고받았다.

"정 팀장, 내가 기자회견을 해서 이 사실을 먼저 기자들에게 알리는 건 어떻게 생각해요? 저번과 같이 우리 책임이 아니라는 것을 초반에 강조할 수 있지 않을까?"

정 팀장은 난감했다.

"사장님, 일단 기자회견은 준비가 필요합니다. 저희가 언제 이 사실을 최초 인지했는지, 범죄를 저지르고 도망간 협력 업체 직원들과의 커뮤니케이션 내용은 무엇이었는지, 우리의 보안관리 시스템에는 아무 문제 없었는지, 법적 책임에 대한 입장은 구체적으로 어떻게 되는지 등을 미리 리뷰하고 철저하게 준비해야 기자회견이 가능합니다. 지난 위기와 같이 그 이전에는 저희 홍보팀도 적극적 커뮤니케이션을 진행할 수 없습니다."

사장이 동의했다.

"그렇지. 그러면 홍보팀에서 일단 준비하면서, 필요한 정보가 있으면 법무, IT, 기획, 대관 등하고 협업하도록 해요. 빨리 결정해서 알려 줘요. 나의 의견은 지난번 정보 유출건과 같이 우리가 먼저 치고 나가자는 것입니다."

정 팀장은 사장이 준비하라 지시한 내용을 위해 법무 팀장에게 문의했다. 법무 팀장은 이미 로펌과 연속회의를 하는 중이라 전화를 받지 못한다는 비서의 연락이 왔다. 급하니 십 분이라도 연락을 하자고 하니 사장의 지시 사항이 따로 있어 연결이 힘들겠단다. 대관과 기획실도 지금 화재가 난 듯 통화 불능이다. 경찰 네트워크를 찾는다더니 정신이 없는 모양이다. IT팀은 더욱 아수라장이었다. CISO는 이미 다른 회사를 알아보고 있다는 루머까지 들린다. IT팀원들과 다른 협력 업체 직원들은 떼로 몰려 사무실에서 서성거리기

기업철학과 시스템으로 위기를 이겨라 275

만 했다.

사장이 지시한 사항을 정리하기조차 버거웠다. 정 팀장은 이전처럼 통합적으로 할 수 있는 일이 아무것도 없음을 느끼고 또다시 심란해졌다. 체계가 매번 일관되게 적용되지 못하는 게 놀라웠다. 만약 지금 기자에게서 전화가 오면 뭐라고 답변해야 할까? 상황 파악도 제대로 안된 홍보 팀장이라고 또 엄청난 비판을 받을 텐데.

사장이 전화를 다시 걸어 왔다.

"정 팀장, 어떻게 준비는 좀 됐어?"

정 팀장이 작은 목소리로 대답했다.

"사장님, 현재 법무, 기획, 대관, IT 모두 연락조차 안 됩니다. 제가 찾아가 봐도 어디들 있는지 만날 수가 없어요. 협업이 불가능한 상황입니다."

사장은 화가 나 소리를 쳤다.

"정 팀장! 이봐요! 당신 뭐 하는 사람이야. 사장 말이 말 같지 않아? 무슨 일이 있어도 하라면 해야지! 그 사람들이 연락이 안 되고 만날 수 없다고? 그렇게 협업을 못 하니까 문제지! 쯧쯧."

정 팀장은 변명하기도 힘들어 가만히 전화기 넘어 사장의 성화를 듣고 있었다. 그때 정 팀장의 휴대전화가 울렸다. 휴대전화에 딴죽일보 이 기자의 전호번호가 떴다. 분명 이 전화는 그 전화일 것이다. 정 팀장은 숨어 버리고 싶은 생각이 굴뚝같았다. 정 팀장은 사장이 소리치는 소리가 흘러나오는 수화를 슬며시 내려놓고 자신의 휴대전화 배터리도 빼 버렸다.

tip box

팀워크를 이루지 못하는 상황을 극복할 수 있는 체계를 만들어야 한다. 가능한 한 위기관리 매니저 직급이 상위 직급으로 임명되어야 한다. 위기관리를 다른 평시 업무보다 훨씬 더 위중하고 긴급한 것으로 간주해야 한다는 CEO의 전사적 하명도 필요하다.

위기가 발생하면 자의건 타의건 모두가 패닉에 빠지고, 서로 협업을 하거나 팀워크를 찾기 어려워한다. 그렇기 때문에 더더욱 살아 있는 자연스러운 팀워크가 중요하다. 세부적인 대응 방안을 마련하고 그 프로세스를 챙겨야 하는 실무 팀장급이 한자리에 앉아서 업무를 보며 위기관리를 지휘하는 체계가 이상적이다. 만약에 중장기적으로 함께 모여 있는 것이 힘들다면, 위기 발생 직후 하루나 이틀 정도 함께하는 것이 필요하다.

상호 간 커뮤니케이션이 구두로도 충분하고도 빨리 이루어질 수 있는 환경 속에서 실무 책임자들이 대응 방안을 데드라인에 맞추어 챙기고 체크하는 구조를 만든다. 이것이 팀워크의 한계를 극복하는 또 하나의 방법이다.

커뮤니케이션 트레이닝을 실시하라

최근에 정 팀장은 바빴다. 몇 달 전 모 TV 탐사보도 프로그램에서 정 팀장 회사 주요 매장의 일선 직원을 인터뷰해 갔기 때문이다. 매장 직원들이 제각기 다른 제품 설명을 한 부분들이 교묘히 편집되어 고발 주제로 고스란히 방영되었다.

몇몇 직원은 몰래 카메라 형식으로 치명적인 취재를 당하기도 했고, 다른 일부 직원들은 공식적으로 피디가 취재 중이라 밝혔음에도 여러 애드립을 섞어 인터뷰하기도 했다. 방송이 나오자마자 사장이 당장 정 팀장을 불렀다.

"어떻게 된 거야? 왜 취재하고 있다는 것조차 몰랐어? 홍보팀은 뭐 하는 거야?"

정 팀장은 더는 안 되겠다 싶어서 답변했다.

"사장님, 소비자 고발 프로그램은 사전에 어떤 취재를 언제 어떻게 누구를 대상으로 한다는 사실을 탐지하기가 거의 불가능합니다. 그리고 몰래 카메라를 사용하거나, 잠입 취재이기 때문에 현장 직원들 자신도 취재당했다는 사실조차 모르는 경우가 태반입니다. 본사 홍보팀에서 이를 하나하나 걸러 낼 확률은 거의 없습니다."

사장이 상당히 불만스러운 표정으로 질문한다.

"그러면 다야? 홍보팀 차원에서 어떤 대비책을 마련할 수 없어? 또 이런 취재 나오면 손 놓고 그냥 당할 건가?"

정 팀장은 이런 상황을 겪으며 깨달은 바가 있어 이렇게 답변했다.

"있습니다. 저희 매장과 공장 그리고 각 지점별 일선 직원들까지 가능한 한 철저하게 위기관리 커뮤니케이션 트레이닝을 시키도록 하겠습니다. 앞으로 기자나 피디 또는 작가들을 포함한 여러 이해관계자에 이르기까지 일선에서 대응해야 할 일과 하지 말아야 할 일에 대해 알려 주고 트레이닝을 실행하겠습니다."

사장은 고개를 끄덕인다. 정 팀장은 오랜만에 제대로 된 큰 프로젝트를 시작하는구나 하는 느낌이 들면서 어깨가 무거워졌다. 정 팀장은 평소 알고 지내던 위기 커뮤니케이션 컨설턴트들을 몇 명 만나 자문을 구했다. 한 컨설턴트는 이렇게 이야기했다.

"회사가 직원들에게 왜 그렇게 인터뷰했느냐, 왜 그런 말 했느냐 비판하려면 최소한 그들 일선 직원들에게 적절한 교육과 트레이닝을 통해 언론과 커뮤니케이션을 할 때 해야 할 일과 하지 말아야 할 일에 대해 익숙해지게 만든 이후에 해야죠."

정 팀장은 고개를 끄덕였다.

'맞다, 우리가 언제 직원들에게 어떻게 언론 커뮤니케이션 해야 하는지 알려 주기나 했나? 그들을 일방적으로 욕할 수 없지.'

정 팀장은 위기 커뮤니케이션 컨설팅사를 선정하고 파트너십을 이루었다. 여러 컨설턴트와 함께 정 팀장 회사 일선 직원을 대상으로 그룹별 위기관리 커뮤니케이션 트레이닝 계획을 세웠다. 수천 명의 직원을 일대일로 트레이닝할 수는 없지만, 지역별, 직급별, 담당 업무별로 그룹을 만들어 실제상황을 기반으로 이해관계자들을 설정해 커뮤니케이션 트레이닝을 실시했다. 정 팀장은 전국을 돌아다니면서 언이은 트레이닝을 실시한다는 것이 몸은 피곤하지만 매우 보람도 크다고 느꼈다.

정 팀장은 개인적으로도 일선 각 지점장들과 지역 책임자들을 만나 현지의 이야기를 들을 수 있어서 좋았다. 중앙 언론을 비롯한 이해관계자들에 대한 이야기와 위기 시 그들 각각의 움직임, 그들의 니즈에 대해서도 들었다. 지역별로 본사에 협조를 요청하는 사항도 귀 기울였다. 지역별로 트레이닝이 끝나면 트레이닝을 받은 직원들과 컨설턴트를 데리고 생맥주집에 모두 모여 맥주 한 잔씩 하면서 이야기를 이어 갔다. 지역의 일선 직원들이 이런 말을 해 주었다.

"이번 트레이닝을 통해서 우리가 얼마나 준비되어 있지 않았는지 깨닫게 되었습니다."

"단순하게 TV에서 보았던 인터뷰와 고발 프로그램이 대응에 있어 참 많은 준비와 노력들이 필요한 일이구나 하고 느꼈지요."

"이제 조금은 마음이 놓입니다. 실제 우리가 할 수 있는 일이 이 정도밖에 없으니 본사의 지원을 받아야 한다는 아주 중요한 깨달음을 얻었습니다."

정 팀장은 이들의 이야기를 하나하나 꼼꼼히 받아 적었다.

주요 트레이닝 분야는 이렇다. 위기 시 이해관계자들에 대한 이해 부분을 설명해 주었다. 특히 최근 기업에 위협적인 탐사 보도 프로그램의 특성과 그들의 취재 방식에 대해 이해하는 시간도 가졌다. 또한 이런 취재 방식과 이해관계자들의 사후 반응을 관리하기 위해 일선에서는 어떤 초기 대응 활동을 해야 하는지 공유했다. 일선에서 언론에 대응하는 프로세스를 설명하고, 이를 카드 형식으로 인쇄해 직원들에게 배포했다.

이후 일선 직원을 대상으로 일대일 커뮤니케이션 실습을 실행했다. 일선 직원들과 책임자들은 상당히 긴장하면서도 실제 배웠던 내용을 기반으로 이해관계자들의 질문에 전략적으로 답변하기 위해 노력하는 모습을 보니 정 팀장은 기분이 좋았다. 일부 실수하는 직원들이 아직도 눈에 띄지만, 그들도 돌아서면서 '내 말 한마디가 우리 회사에 큰 영향을 줄 수 있겠구나.' 하는 깨달음을 얻고 있는 것 같아서 마음이 놓였다.

장장 두 달간의 전국 일주 트레이닝을 마치고 컨설턴트들과 정 팀장은 서울로 돌아왔다. 정 팀장은 많은 깨달음과 호응을 얻어서 만족했다. 회사 위기관리 시스템의 밑단을 괴었다는 성취감이 생겼다. 컨설턴트들도 현장에서 더욱더 많은 가능성을 엿보았다면서 멋진 보고서를 제출했다.

정 팀장이 사장 앞에서 결과 보고를 했다.

"총 마흔 군데 지점과 다섯 군데 공장 일선 직원들과 책임자들을 대상으로 한 위기관리 커뮤니케이션 트레이닝이 성공적으로 실시 완료했습니다."

사장은 그간의 트레이닝 장면들과 결과 보고를 흡족하게 듣고 한마디 했다.

"흠, 아주 잘된 것 같다는 생각이 들고 트레이닝 내용도 적절했던 것 같군. 일선 직원들의 반응 또한 설문지를 보니 완벽하고 도움이 많이 되었다는 내용이고."

정 팀장은 고개를 숙이면서 치하에 감사했다. 사장이 마지막 한마디를 덧붙였다.

"정 팀장, 그럼 이제 TV에서 취재 나오면 완벽하게 막아 낼 수 있겠지?"

정 팀장은 웃으면서 한마디로 대답했다.

"사장님, 사장님도 좀 트레이닝을 받으셔야겠습니다."

사장도 같이 웃었다. 그 의미를 알고 있다는 뜻이었다.

tip box

많은 기업 CEO와 임원들이 착각하는 것이 있다. 자신들이 훈련받고 인지하고 있는 위기관리 가이드라인을 일선 직원들도 모두 알고 있겠지 하고 추측하는 것이다. 천만의 말씀이다. 지방 공장이나 지점 또는 매장 일선에 있는 직원들은 대부분 위기관리와 위기관리 커뮤니케이션에 대한 인지가 부족하다.

임원들은 그런 일선 직원들에 대해 "어떻게 그렇게 개념이 없을 수 있나? 누가 그런 식으로 커뮤니케이션을 하라 했나?"라고 나무란다. 하지만 사내 어느 누구도 일선 직원들에게 위기관리와 위기관리 커뮤니케이션 가이드라인을 알려 주거나 적절한 훈련을 제공한 적이 없다면 그런 비판을 해서는 안 된다.

일선 직원들에게 적절한 가이드라인과 훈련을 제공해야 한다. 그런 뒤에 기준을 가지고 적절한 위기대응을 평가하는 것이 맞다. 직원들이 위기 시 현장에서 실제 접촉하여 커뮤니케이션 할 가능성이 있는 이해관계자들을 설정하고 그들과 위기 시 적절하게 커뮤니케이션 할 수 있도록 훈련하는 이해관계자 커뮤니케이션 트레이닝이 제공되어야 한다. 그래야 일선 인력들을 취재하는 소비자 탐사 보도 프로그램과 같은 기술적인 공격을 받아도 최대한 안전하게 살아남을 수 있다.

TV 고발 프로를 기회로 바꾼 웅진코웨이

 웅진코웨이의 불만제로 프로그램 대응

2009년 3월 MBC 불만제로는 국내 가정용 정수기 실태에 대한 고발 프로그램을 방송했다. 이날 방송은 국내 굴지 정수기에서 검출된 이물질, 개미집이 된 정수기 내부, 필터 안에서 나온 세균 덩어리를 보여 줘 시청자를 경악하게 했다.

웅진코웨이는 방송 인터뷰를 통해 문제점을 시인하고 개선을 약속했지만 일부 정수기 회사의 경우에는 '우리 제품에는 문제점이 없다.'며 끝내 개선을 거부해 시청자들의 원성을 샀다.

웅진코웨이는 방송 내용을 부정하지 않았다. 불량률이 제로인 상품은 없으며 이미 수백만 가정에서 사용하는 정수기 제품 가운데 어찌 불량 사례가 없을 수 있겠느냐고 상황을 정확하게 인식했다. 웅진코웨이는 방송에서 제기한 문제를 기반으로 오히려 서비스와 기업의 체질을 바꾸려는 움직임을 시작했다.

웅진그룹의 윤석금 회장과 웅진코웨이 홍준기 사장을 비롯한 1만 2천 명은 방송 이후 새롭게 서비스 혁신 선포식을 가지고 제품 위주 사업에서 벗어나 서비스 강화 전략 및 제품과의 결합 철학을 발표했다. 웅진코웨이는 이를 위한 여러 사후 위기관리 프로그램으로 2백억 원 이상을 투입했다.

홍준기 웅진코웨이 사장은 "지난 이십 년간 웅진코웨이가 숱한 위기에도 지속적으로 성장할 수 있었던 힘이자 존재 이유는 430만 고객"이라는 점을 직원들에게 재차 강조했다. 이러한 소비자 철학을 기반으로 코디가 1~2개월에 한 번 고객의 집과 공공시설을 방문해 정기 제품 관리 서비스를 제공하는 '하트서비스'를 개시했다. 약속 시간 삼 분 전 도착, 고객불만 제로, 당일 애프터서비스 세 시간 내 완결 등 세 가지 원칙을 강화해 내세웠다.

또한 웅진코웨이는 이십 년 서비스 자산을 시스템화한 이력 분석 시스템을 도입해 고객 불만을 과학적으로 해결했다. 이력 분석 시스템은 이십 년 동안 축적된 고객의 이력을 분석해 고객의 불편 사항을 미리 예측하고 해결하는 시스템으로 기간별 고객 불만을 일으킬 수 있는 요인을 분류하고 이에 해당되는 고객을 먼저 찾아가 불만 요소를 제거하는 시스템이다.

일선 고객 접점에 있는 만여 명 이상이 지국장과 코디 요원들에게는 위기 시 주요한 이해관계자들에게 회사의 공식 입장을 전략적으로 잘 전달할 수 있도록 이해관계자 커뮤니케이션 트레이닝을 제공했다. 1년 6개월에 걸친 기간 동안 웅진코웨이는 전국의 사내 위기 보고 및 공유 시스템을 강화했으며, 다른 기업보다 강한 일선의 대 이해관계자 커뮤니케이션 역량을 확보했다. 이로써 한국PR협회는 2010년 말 웅진코웨이에 위기관리 부문 우수 프랙티스 상을 수여했다.

핵심 전략

기업철학이 웅진코웨이의 성공 배경

1. 웅진코웨이는 다른 기업과 달리 방송의 부정적인 보도를 법적 대응이나 불평이 아닌 기업철학을 더욱 개선하는 밑거름으로 삼았다. 이는 웅진그룹 윤석금 회장과 웅진코웨이 홍준기 사장이 공유하는 소비자 철학의 연장선상에서 더욱 강화 발전한 결과물로 빠르게 가시화되었다.

2. 한 방송사의 뼈아픈 지적을 초석으로 삼아 기업의 전략과 철학을 다시 한 번 돌아보고 전향적인 사후 위기관리 예산을 투자해 전사적 위기관리 시스템을 구축했다.

일부 언론 취재 과정에서 부주의하게 대응한 일선 직원들을 비판하기보다 그들에게 전략적인 커뮤니케이션 역량을 트레이닝하고, 다시 유사한 사례가 발생하면 회사의 공식 입장을 확실히 발표하고 더 노력할 것을 커뮤니케이션하도록 배려했다.

3. 전사적 위기관리 시스템을 본사 중심에서 전국 지사와 공장, 연구소 등으로 확장했으며 대 언론 대응을 넘어 주요 이해관계자 지자체, 지역 고객, 지역 NGO, 지역 규제기관, 지역 커뮤니티 등을 대상으로 하는 대응 역량과 관리 시스템을 구축했다. 이 과정에 1년 6개월 이상의 시간과 전담 위기관리 컨설턴트 그룹을 고용해 활용했다.

4. 웅진코웨이는 컨설턴트들과 함께 기존의 위기관리 매뉴얼을 개선하고 심도 있는 전사적 위기요소 진단을 실시했다. 이를 통해 예상되는 글로벌과 국내 차원의 다양한 위기 잠재요소를 감지했으며, 각 요소별로 주관 및 유관 부서들에게 관리 R&R^{Role & Responsibility}을 배분해 사전 위기관리 시스템의 기반을 다졌다.

5. 웅진코웨이 홍준기 사장은 일선 위기관리 및 서비스 개선 프로그램을 강력한 리더십으로 이끌었다. 주요 임원들과 주관 유관 팀장들 또한 더욱 강화된 회사의 소비자 철학이 최대한 시스템으로 공고화될 수 있도록 내외부 이해관계자들과 컨설턴트들에게 적극 협조하고 협업을 진행했다. 웅진코웨이는 결국 국내 최고 수준의 전사적 위기관리 시스템 구축에 성공했다.

에필로그

시스템과 철학이
기업을 살린다

위기관리 매니저들이여, 항상 깨어 있어라

　기업이 TV나 신문을 통해 내보내는 광고. 모든 광고에서는 항상 해당 기업이 전하고 싶어 하는 아주 혹한 이야기만 쏟아져 나온다. 아리따운 모델들이 웃고, 아이들은 뛰논다. 미래가 보이고, 성장이 강조된다. 광고에서 묘사되는 만큼만 이 세상이 아름답고 밝으며 행복하면 얼마나 좋을까?

　하지만 기업의 현실은 이처럼 이상적이지 않다. 그렇기 때문에 더더욱 광고 속의 환상을 쫓는 것일 수도 있다. 기업의 하루하루는 말 그대로 위기의 연속이다. 고객만족센터에 올라오는 고객들의 불만을 보자. 매장에서 불만을 토로하는 고객의 얼굴을 보라. 홈페이지에 남긴 항의 글과 포털 사이트에 올라간 기업과 관련한 동영상을 한번 점검해 보자. 각종 온라인 커뮤니티에서 회자되는 기업에 대한 댓글과 토론 글을 꼼꼼히 읽어 보자. 언론사의 기자들은 왜 기업을 가만두지 않을까? 마치 세상은 기업에 위기를 주는 그 자체 같다.

모든 부정적인 상황과 환경은 기업 아주 가까이에 항시 존재하기 마련이다. 이러한 부정적인 위기를 잘 관리하고 긍정적인 상황과 환경으로 개선할 수 있다면 기업위기는 곧 또 다른 기회라고 할 수 있다. 하지만 문제는 기업이 그런 기회를 창출할 능력과 시스템을 보유하고 있는가 하는 것이다.

기업을 위해 항상 깨어 있어라

기업의 위기관리. 기업의 사업 환경이 변하면서 어떤 기업이건 이전보다 더욱 엄격한 경영윤리와 철학 그리고 활동에 있어 정당성을 확보해야 살아남는 시대가 되었다. 예전에는 문제가 되지 않던 무수한 이슈가 이제는 온라인상을 뜨겁게 달군다. 이에 비해 기업의 위기관리 시스템은 십여 년 전과 별반 다르지 않다. 현실적인 환경과 기업의 위기대응 시스템 간의 차이가 최근 기업위기 발생 트렌드의 주요한 원인으로 지목되고 있다.

더욱 건전한 경영철학과 체계를 가지고 위기관리를 실행할 수 있는 기업만이 살아남는다. 반대로 이러한 준비가 철저하지 않은 기업은 매일매일 위기가 닥칠 수밖에 없다. 연속해서 위기를 맞으면 CEO는 큰 부담이다. 기업의 실책으로 남는다. 매출은 하락하고, 소비자나 고객의 실망은 커져만 간다. 직원들의 사기는 땅에 떨어지기 마련이고, 거래처도 하나둘 등을 돌린다. 위기관리는 이제 기업의 생존을 결정하는 그 자체다.

   기업을 위한 위기관리 시스템은 어디서부터 어떻게 구축을 시작해야 할까? 무엇이 가장 중요할까? 예상 외로 솔루션은 비교적 간단하다. 그렇게 멀리 있지도 않다. 기업의 위기관리 시스템 구축은 이렇게 하자.

    1. 전 직원들을 대상으로 예상할 수 있는 위기를 예측해 본다.
    2. 예측된 위기를 발생 빈도와 발생 시 위해도를 기준으로 배열해 본다.
    3. 가장 고위험군에 든 예측된 위기를 하나씩 들여다본다.
    4. 고위험군 위기를 관련 부서에 각각 할당해 나누어 준다.
    5. 각 부서에 해당 위기의 예방 및 관리 방안을 제출하게 한다.
    6. 부서에서 받은 위기관리 방안을 잘 결합한다.

   일단 이렇게 심플한 액션플랜 또는 매뉴얼을 만들어 보는 데에서 위기관리 시스템 작업은 시작한다. 이제부터 해야 할 일은 해당 액션플랜을 실제 우리 조직에 적용하고 모든 조직 구성원이 익히도록 하는 것이다.

   여기에서 많은 기업이 실패하고 좌절한다. 당연하다. 교육이나 학습으로는 위기관리 시스템을 현실화할 수 없기 때문이다. 이 부분에서는 외부 전문가의 도움이 필요하다. 기업이 파악하고 있는 자사 관련 위기를 하나씩 전문가들과 함께 다시 들여다보고, 그 위기와 관련된 주요한 기업 이해관계자들Stakeholders을 규명해 보는 프로세스가 중요하다.

그 이해관계자들은 각자 A라는 위기가 발생했을 때 어떤 반응을 보일까 예상해 보고, 그에 따른 대응 훈련을 해 보는 것이 핵심이다. 우리의 제품 이상으로 피해를 입은 소비자는 누가 어떻게 관리할 것인가? 소비자의 피해 사실을 전해 들은 언론은 또 어떻게 공격을 해 올 것이고 누가 이에 대응을 할 것인가? 네티즌들은? 정부 규제 기관은? 소비자단체는? 거래처는? 그리고 직원들은 누가 어떻게 대응하고 관리할 것인가?

실제 상황을 재현해 놓고 이에 대한 대응 방식을 하나하나 고민한다. 대응 주체를 선정해 실제 경험해 보게 하는 것이 위기관리 전문가들이 기업을 돕는 방식 중 하나다. 경험의 시대에 경험을 통한 트레이닝과 시뮬레이션이 그 방식이다.

위기관리 전문가들은 항상 기업에 이렇게 조언한다.

"이 세상 기업들은 두 가지로 나눌 수 있는데 하나는 위기를 경험한 기업이고 또 하나는 앞으로 위기를 경험할 기업이다."

이 뜻은 어떤 기업이든 항상 위기를 반복해 경험할 수밖에 없다는 의미다. 기업이 위기를 피할 수 없다면 위기를 잘 극복하는 것이 차선이다. 성공하는 위기관리를 위해서 전문가들은 또 이렇게 조언한다.

"준비하고, 준비하고, 준비하라. 그리고 연습하고, 연습하고, 연습하라."

그렇다. 준비와 연습이 없이는 효과적 위기관리는 불가능하다.

이제 이전에 그대로 물 흐르듯 비즈니스에만 몰두하던 시대는 갔다. 우리 회사의 지속 가능한 비즈니스 환경 구축을 위해 사장부터 일선 직원들까지 항상 깨어 있어야 한다. 이 책에서 말하는 여러 가지 상황과 조언을 기반으로 평소에 지속적으로 기업을 흔들어 깨우는 위기관리 매니저들이 더 많아졌으면 한다.

위기관리 매니저들이여, 당장 실행하자

위기가 발생하면 경영진들은 모두 모여 회사의 철학을 적어 놓은 액자를 먼저 바라보라는 말이 있다. 기업위기란 기업의 철학을 시험하는 아주 명확한 기회다. 내부적으로 우리는 이러한 회사라는 공감대를 실제로 확인하는 기회를 제공한다. 외부적으로 저 회사는 우리를 위해 이것과 이것 좋은 일을 해 주는 회사라는 인식을 더욱 공고히 하는 기회를 제공한다.

위기관리 실패는 기업이나 조직이 내외부의 공감대와 인식을 무참히 깨 버리기 때문에 발생한다. 공중이 신뢰했고 사랑했던 기업이나 조직에 위기가 발생하니 '우리가 언제 너희에게 신뢰나 사랑을 원했었느냐?' 하는 식으로 커뮤니케이션을 하면 위기관리는 실패할 수밖에 없다.

우리가 생각하는 것보다 훨씬 많은 기업이나 조직이 위기 시에 자신들 기업의 철학을 바라보지 않는다. 이익만을 생각한다. 평소에 자신들을 둘러싸고 있던 이해관계자들에게 무엇을 이야기했는지, 그들과 어떤 관계를 맺고 있었는지 점검해 보면 위기관리는 매우 간단하다. 위기 발생 시 무엇을 해야 하는지 자신들의 철학이 이미 말해 주고 있기 때문이다.

만약 평상시에 자신들의 철학이 부재했거나 부실했다면 성공적인 위기관리를 위해 철학을 좀 더 확고하게 가다듬고 공유하며 발전시키는 일부터 해야 한다. 소비자를 사랑한다고 외치지만 말고 위기를 극복하기 위해 행동해야 한다. 품질을 중요하게 생각한다면 최상의 품질을 위해 노력하자. 서비스를 최고로 제공한다 말해 왔다면 실제로 멋진 서비스를 위해 조직의 생명을 걸어야 한다.

소비자를 사랑한다 외쳤지만 우리 제품에 불만을 가진 그들을 따돌리고 무시하고 폄하하지 않았는지 한번 살펴보자. 품질에 대해 이야기했지만 우리 제품에서 나온 이물질을 보고 '먹어도 죽지 않는다.'는 말로 대수롭지 않게 넘어가려고 하지는 않았나? 최고의 서비스를 이야기하면서, 우리 서비스에 불평하는 고객들에게 '당신은 너무 까다로운 사람이야.' 하지는 않았나? 실패하는 위기관리는 항상 이런 면모를 가진다.

기업이나 조직이 존재하고 살아 움직이며 성장하는 이유를 한번 돌아보자. 왜 기업이 여기에서 이 일을 하고 있는지 말이다. 위기관리의 정답은 그런 확고한 인식에서 나온다.

기업이나 조직이 올바른 철학을 잘 공유하고 있다면, 그다음 필요한 작업은 기업철학을 반영한 위기관리 시스템을 구축하는 일이다. 시스템은 생각이나 정신만이 아니라 실행을 맡은 사람들이 그 중심이다. 기업이나 조직을 움직이는 사람들 하나하나가 핵심이다.

철학이 가리키는 방향으로 사람들이 어떻게 움직여야 하는지, 누가 움직여야 하는지, 왜 그렇게 움직여야 하는지, 언제 그리고 누구를 향해 움직여야 하는지를 총체적으로 조직화하는 것이 위기관리 시스템 구축이다.

사람이 핵심이라고 했다. 따라서 위기관리 시스템 구축에서는 사람들을 움직여 같은 생각을 하게 하는 것이 가장 기본적인 어프로치다. 그래서 트레이닝과 시뮬레이션이 중요하다. 위기관리를 정신교육으로만 하려는 기업이나 조직이 있는데, 실제 사람들이 움직이지 않거나 움직여 본 경험이 없다면 아무리 좋은 정신무장도 절름발이 결과를 낳기 마련이다.

기업이나 조직의 위기 형태에 따라 각 부문이나 담당자들에게 오너십을 부여하자. 그들로 하여금 솔루션을 찾게 하는 것이다. 그리고 그들에게 실제와 비슷한 위기 상황을 조성해 실제 누가 어떻게 움직이는지를 한번 체크해 보자. 그리고 그 결과에 따라 피드백을 주고 지속적으로 반복하자. 이러한 반복적인 개선^{Kaizen}작업이 곧 성공적인 위기관리 시스템을 구축한다.

기업과 조직이 좋은 철학을 가지는 것은 매우 어려운 일이다. 더 나아가 그 철학을 밑바탕으로 해 훌륭한 시스템을 만드는 것도 마찬가지다. 이 때문에 성공적으로 위기관리를 실행하는 기업이나 조직이 생각보다 드물다. 항상 성공하는 기업이나 조직은 이유가 있다.

그리고 그들에게는 그 이전에 우리가 상상할 수 없을 만큼의 노력과 준비 시간이 있었다.

반대로 생각보다 쉽게 좋은 철학과 시스템을 구축하는 기업이나 조직도 있다. 그런 기업이나 조직의 공통 특징은 사장이 깊은 관심과 지원을 지속해서 기울인다는 점이다. 현실적으로 보아도 실무자들만 움직여서는 제대로 된 철학과 시스템 구축에 한계가 있다. 아무리 열성적인 직원과 임원이 합심해 철학과 시스템을 만들어 위기에 대비하고 대응한다 해도 사장이 그로부터 멀리 있거나 그것을 등지고 있다면 아무 의미가 없다.

문제는 항상 원인과 방법을 알면서도 행하지 않는다는 데 있다. 많은 기업이나 조직은 스스로 문제의 원인을 알고 있다. 더 나아가 해결 방법 또한 알고 있다. 그렇게 원인과 해결 방법을 파악하고 있다 해도 행하지 않거나 실행이 늦는 기업이 우리 주변에 널려 있다는 사실은 정말 안타까운 일이다.

지금이 가장 적합한 타이밍이다. 성공하는 기업이나 조직을 부러워만 하지 말고 지금이라도 빨리 시작하자. 위기를 두려워하지 말고, 준비해서 대응하자. 위기관리는 까다롭기는 해도 그 자체가 어려운 것만은 아니다. 준비된 기업에는 위기도 일반적인 비즈니스의 한 과정이자 부분이다. 성공하는 위기관리 매니저들이여! 실행하자! 바로 지금부터.

기업위기
시스템으로 이겨라

초판 1쇄 인쇄 | 2012년 6월 5일
초판 1쇄 발행 | 2012년 6월 12일

지은이 | 정용민
펴낸이 | 이기동
편집주간 | 권기숙
구성편집 | 종이발자국
본문디자인 | 홍은정
인쇄 | 상지사 P&B
마케팅 | 이동호 유민호

펴낸곳 | 도서출판 프리뷰
주소 | 서울특별시 성동구 성수2가 300-1 삼진빌딩 8층
전화 | 02)3409-4210
팩스 | 02)3409-4201
등록번호 | 제206-93-29887호
이메일 | icare@previewbooks.co.kr
블로그 | http://blog.naver.com/previewbooks
홈페이지 | http://www.previewbooks.co.kr

프리뷰는 항상 열린 마음으로 좋은 책 만들기에 정성을 다하겠습니다.

ISBN 978-89-97201-04-4 (13320)

ⓒ정용민 도서출판 프리뷰 2012
저작권법에 의해 보호받는 저작물이므로 무단전재와 복제를 금합니다.

잘못된 책은 구입하신 서점에서 바꿔 드립니다.
책값은 뒤표지에 있습니다.